JUMELLES ET UNIQUES

JEANNETTE FAVRE
et CATHERINE JOUSSELME

JUMELLES ET UNIQUES

Bien vivre sa gémellité

Préface d'Alain Bentolila

Odile Jacob

15, rue Soufflot, 75005 Paris

ISBN 978-2-7381-2741-9

www.odilejacob.fr

PRÉFACE

Comment parler à un autre moi-même ?

Le problème lorsque l'on a gagné un peu de notoriété, c'est que l'on attend que vous donniez votre avis sur tout au risque d'écrire des bêtises ou de dire des banalités. Aussi ai-je longtemps hésité lorsque mon amie Catherine Jousselme m'a demandé d'écrire une préface à ce livre. La lecture m'a passionné. L'idée courageuse de mêler introspection et analyse distanciée est formidable ; les dessins accompagnent l'ensemble avec finesse et intelligence. Mais que diable allais-je faire dans cette... jolie goélette ? Car pour tout dire, je suis linguiste, et non pas psychologue et encore moins sociologue. Un passage du livre me donna enfin une piste :

« Le monde extérieur aux jumeaux a vite fait de qualifier d'étrange ou de magique leur type de communication ou la similitude de leurs choix à distance (vêtements, chaussures, etc.), vraisemblablement facilités par leur extrême et permanente proximité psychique. Ces similarités ne sont pas des répétitions à l'identique : toute l'histoire de Jeannette et de sa sœur les montre, courageuses jumelles qui luttent pour trouver leurs écritures propres, leurs orientations scolaires contrastées, leurs choix de vie différents. Cessons donc de mystifier ce qui n'est qu'humain, au risque de considérer les jumeaux comme des "mutants" inquiétants et peu fréquentables ! »

La question que je pouvais légitimement me poser – mais à laquelle cette préface ne prétend pas répondre – était : comment les jumeaux communiquent-ils ? Ou : comment utilisent-ils un instrument fait pour la distance et la différence alors qu'ils sont « nés pareils » ?

La langue n'est pas faite pour parler à un autre moi-même, celui qui pense comme moi, qui vit où je vis, qui sait tout de moi et dont je sais tout. La langue n'est pas faite pour parler à ceux qui sont le reflet de moi-même ; elle est faite aussi (surtout) pour parler à ceux que l'on n'aime pas, pour leur dire des choses qu'ils n'aimeront sans doute pas, mais qui légitiment l'existence même du verbe. Dans les principes universels de leurs structures et de leur fonctionnement, les langues portent le projet de parler à celui qui nous est étranger, pour entendre de lui les choses les plus étranges qui soient.

Pour réussir son apprentissage, un enfant doit donc obstinément élire au plus loin de lui-même celui qui ne lui ressemble pas pour lui dire des choses qu'il ne partage pas. Il devra oser pousser la langue dans ses retranchements ultimes ; avoir le courage de la conduire là où s'essoufflent les mots à tenter de porter un peu plus haut la charge de peur et de préjugés qui parfois les écrasent. C'est en effet sur ces hauteurs, où se raréfie l'oxygène du préjugé et du prévu, que la langue donnera le meilleur d'elle-même : là où on ne sait sur l'autre que bien peu de choses et où il en sait aussi peu sur nous ; mais là où l'autre est aussi l'objet de tous nos désirs de comprendre et d'être compris. C'est sur ces hauteurs que la découverte l'emporte sur la connivence, que la conquête du sens est un défi, une promesse et une exigence. C'est aux confins du dire, à l'orée de l'indicible que l'enfant découvrira toute la puissance de son langage, en mobilisera progressivement tous les moyens pour suspendre un instant, un instant seulement, la tentation délicieuse du refus de l'autre. Si, dans la majorité des cas, la langue est utilisée pour compléter et parfois confirmer ce que l'autre sait déjà, elle possède cette capacité spécifiquement humaine de relever au plus haut niveau le défi du « barbare ». Du banal à l'exceptionnel, de la connivence à la distance, la langue humaine nous invite à l'ambition et nous impose de hisser sans cesse nos mots à l'assaut des murailles de la différence.

C'est donc contre la dérive perverse d'une parole à courte vue qui fuit la différence, qui chérit la connivence, qui renforce préjugés et repli que, parents et enseignants, nous avons à lutter. Il s'agit de faire comprendre très tôt que c'est en mettant la distance et la différence au cœur même de l'usage du verbe qu'on lui donne sa véritable dimension : l'exigence de la précision et de la rigueur des mots, seuls moyens d'être compris de celui avec lequel rien n'est gagné d'avance.

C'est dans cette perspective que les premiers pas linguistiques de deux jumeaux nous questionnent. La question que je me pose, avec toute la naïveté d'un Candide en matière de gémellité, est la suivante : comment ces deux-là, vivant d'emblée une fusion à la fois affective et intellectuelle, vont-ils pouvoir séparer leurs intelligences pour construire chacun vers l'autre le pont du langage ?

Il faudra bien que l'un des deux dise un jour à son jumeau : « Je ne t'ai pas compris », sauf à le priver de l'impulsion nécessaire à la maîtrise progressive du langage. Car chacun de ces enfants si semblables croit sans doute que l'autre peut « voir » ce qui est dans sa propre tête. Mieux, il est persuadé que son intelligence et celle de son reflet ne font qu'une. Si sa sœur lui dit qu'elle ne l'a pas comprise, c'est certainement, pense-t-elle, parce qu'elle *refuse* de la comprendre ou qu'elle y met beaucoup de mauvaise volonté. Autrement dit, si elle ne la comprend pas, c'est *qu'elle ne l'aime plus* à la hauteur de ses attentes. Pour ces enfants, fusion affective et fusion intellectuelle vont sans doute de pair et toute tentative de distanciation intellectuelle sera ressentie comme un déchirement affectif. L'enjeu pour la mère est alors d'affirmer en même temps et avec une égale fermeté l'altérité intellectuelle de ses jumeaux *et* l'affection qui les lie : « Elle t'aime, MAIS elle ne t'a pas compris. Elle te dit qu'elle ne t'a pas compris, PARCE QU'elle t'aime. »

La mère qui indique à un de ses jumeaux que l'autre ne l'a pas compris doit donc lui dire aussi que, par-dessus tout, il lui importe de le comprendre. En lui disant « il ne t'a pas compris », la mère lui fait comprendre une chose essentielle : *elle sait des choses que sa sœur ne sait pas, et la langue est justement faite pour dire à quelqu'un d'autre ce qu'il ignore encore.* Cette distance intellectuelle que la mère impose à ses enfants ne doit en rien altérer l'immense affection qu'elle leur porte et qu'ils se portent l'un à l'autre car cette séparation intellectuelle nécessaire peut être douloureuse pour ces « nés pareils » ; elle doit se faire dans la tendresse et la bienveillance et signifier clairement : « Elle veut te comprendre. » La maman devra amener ses enfants à expliciter certains des éléments de leurs messages afin que s'ouvrent, l'une après l'autre, les fenêtres qui en éclaireront le sens pour l'autre jumeau, *mais surtout pour les autres au-delà de leur cercle.* Chacune aura ainsi pris conscience d'avoir acquis le pouvoir d'inscrire dans l'intelligence de sa sœur une trace qui n'appartient qu'à elle, d'enrichir sa mémoire d'une histoire, d'un sentiment qui n'y étaient pas auparavant. Elle aura ainsi la preuve tangible que la distance et l'échange vont de pair et que ceci légitime tous ses efforts de mise en mots justes et précis.

C'est sans doute une véritable épreuve que de mettre de la distance entre deux petits êtres si semblables. En leur disant qu'ils peuvent ne pas se comprendre, la maman met en cause le privilège de leur exclusive complicité. La sœur n'est plus celle qui sait comprendre l'autre mieux que personne ; elle n'est plus sa seule confidente, celle avec laquelle elle tisse un lien quasi magique. Certains auront sans doute infiniment de difficultés à accepter cet *écartement* linguistique. S'accrocher à une langue qui n'appartiendrait qu'à eux deux est une tentation à laquelle ils peuvent avoir du mal à résister : « Nous sommes seuls à nous comprendre ; notre connivence est telle que les mots des autres ne nous conviennent pas. Je ne veux pas te détacher de moi. » On voit dans certains cas – rares, fort heureusement – se fabriquer une sorte de jargon bizarre, inaccessible aux autres, qui tente de protéger le territoire des jumeaux. Il faut à la mère du courage et de la lucidité pour procéder à la séparation des deux intelligences pour permettre à chaque enfant de reconnaître la singularité de chacune d'elles. C'est en renonçant au confort de la communion intellectuelle pour s'imposer les conventions d'une communication exigeante que s'ouvriront les portes d'un langage du grand large et la liberté de se *fréquenter* et de fréquenter les autres sans risque de se perdre.

Alain Bentolila

AVANT-PROPOS À DEUX VOIX

Ce livre est le témoignage de mon expérience singulière de « vraie » jumelle. Elle signifie que j'ai hérité au plus profond de moi-même d'une identité biologique commune avec ma sœur née le même jour, à la différence des « faux jumeaux » ou « fausses jumelles » génétiquement non semblables.

Entre les « vrais » et les « faux », la différence n'est pas anodine. Les uns se ressemblent comme « deux gouttes d'eau » alors que les autres n'ont pas plus de similitude physique que n'importe quel frère ou sœur. Leur vécu est semblable par certains aspects car ils ont partagé une même expérience de cohabitation dans le ventre maternel, un temps de contacts rapprochés dans l'univers clos de l'utérus. Cet entremêlement des corps et des émotions a scellé entre eux un lien fraternel particulier. Toutefois, dans leur rapport aux autres, ils ne fonctionnent pas de la même manière. Avoir une sœur ou un frère « né en même temps », ce n'est pas la même chose que d'avoir une sœur ou un frère « né pareil ».

J'ai souhaité témoigner de mon vécu de « vraie » jumelle particulièrement semé d'embûches pour attirer l'attention et alerter sur les difficultés que peuvent rencontrer les jumeaux. J'ai désiré également associer à cette démarche une amie proche, Catherine Jousselme, professeur de pédopsychiatrie, pour permettre la distanciation nécessaire à ce récit.

Un livre à deux voix décrivant les rapports entre jumeaux, quoi de plus évident ? La première idée qui vient à l'esprit est que ces voix doivent exprimer le partage d'une fraternité gémellaire ou, tout au moins, celle des liens du sang, pour véritablement se compléter, s'équilibrer, se reconnaître et se comprendre. Eh bien, non ! Jeannette en a décidé autrement, à la suite de notre rencontre à l'issue d'une conférence, puis dans un groupe de travail qu'elle animait à propos des prisons. Quand elle m'en a fait la demande, j'ai accepté sans réserve d'entremêler ma voix de fille unique à la sienne de jumelle, pour éclairer ses propos de mon vécu différent et de mon expérience de psychiatre d'enfants.

Elle a commencé par me parler de sa relation de jumelle et je l'ai alors encouragée à écrire ce qu'elle avait vécu, ce qu'elle vivait encore parfois, car elle en avait, je crois, besoin... En premier lieu, pour avancer encore en elle, en second lieu pour aider d'autres à cheminer dans leur réappropriation d'identité. J'ai accepté ensuite comme une immense preuve de confiance et un grand honneur de mêler mon écriture à la sienne, comme un contrepoint – un contre-appui, devrais-je dire –, mais j'ai bien conscience que la soliste c'est elle ! Je ne suis que le chœur qui permet à sa voix d'être mieux entendue, mais qui reste un accompagnement de la ligne mélodique. C'est pourquoi j'ai opté pour que mes propos suivent les siens, à la manière d'un commentaire.

Il sera question ici essentiellement des vrais jumeaux, ceux qui sont les plus exposés aux fantasmes populaires véhiculés par la fascination du double, ceux aussi qui, du fait de leur patrimoine génétique commun, devront créer la différence pour faire naître deux identités distinctes et exister en tant qu'individus différenciés.

Le cheminement proposé suit la chronologie des événements tels que je les ai vécus, depuis l'étape de l'indifférenciation, pendant l'enfance, celle de la lutte pour l'individualisation à l'adolescence, jusqu'à l'entrée dans l'âge adulte qui permet de passer de l'identité relative du couple gémellaire à l'identité absolue de personne différenciée.

L'écrit donne une configuration sans doute forcée de la gémellité et, à ce titre, ce récit pourra paraître caricatural. À travers l'excès, il met toutefois en exergue l'imbrication des facteurs constitutifs de la condition gémellaire, les résonances de la donne biologique, le rapport particulier avec le partenaire jumeau, le poids des attentes et des normes sociales qui est attaché à cette situation particulière. Ce témoignage a pour ambition d'aider à mieux comprendre la force de l'ensemble des données biologiques, psychologiques et sociales de la gémellité, comme une condition *sine qua non* de leur dépassement.

Alors, bon voyage au pays du double et de l'unique, unies au fil des pages !

Chapitre 1

Une naissance surprise

Rien n'avait préparé mes parents à la naissance de deux enfants. Avec la pratique systématique de l'échographie, apparue dans les années 1980, ce cas de figure est aujourd'hui rarissime.

Avant l'ère de l'échographie, il fallait se fier aux bruits du cœur pendant la grossesse pour détecter une naissance multiple. Pour ma sœur et moi, ils n'avaient révélé la présence que d'un enfant. Lequel des deux cœurs battants avait été ainsi perçu ? L'un ou l'autre ? L'un et l'autre alternativement ?

Un enfant de plus, c'était déjà difficile à admettre pour mes parents qui menaient une vie laborieuse de petits artisans commerçants. Ils avaient eu deux garçons, dont le dernier n'avait que dix-huit mois. Deux nouveaux enfants, cela a été – pour mon père surtout – une véritable catastrophe.

Je suis la deuxième jumelle, celle que l'on n'attendait pas.

Le rang de naissance chez les jumeaux peut sembler sans importance à quelques minutes ou quarts d'heure près. Cette question d'aînesse apparaissait pourtant essentielle dans notre famille pour désigner l'enfant surnuméraire. Les discussions se révélaient source de controverses, opposant l'argument de la primauté de conception à celui de la primauté de naissance. Mais les actes de naissance étaient là pour trancher, avec les mentions portées sur chacun d'eux : « première jumelle » sur celui de ma sœur avec la précision de l'heure de naissance, « deuxième jumelle » sur le mien avec l'indication d'un horaire mettant en évidence un décalage de quarante-cinq minutes. Ces mentions sur nos extraits d'acte de naissance ont été, tout au long de notre vie, comme la marque indélébile de notre condition gémellaire.

Si j'en crois les récits familiaux, personne n'a pressenti l'imminence d'une deuxième naissance après celle de ma sœur. Et quand il a fallu se rendre à l'évidence, la surprise a été encore plus grande au vu du temps écoulé. À l'étonnement général a succédé rapidement l'inquiétude. Ce nouvel enfant non programmé serait-il tout à fait normal ? Une interrogation amplement justifiée, car on sait aujourd'hui que la morbidité périnatale est majorée lorsque l'intervalle entre les deux naissances dépasse quinze minutes [1].

Et, au-delà de ce risque éventuel, quel peut être le retentissement de ce temps d'attente – imposé et mouvementé – sur le psychisme du second jumeau ? Quel impact peuvent avoir les contractions qu'il doit subir pour la venue au monde de son frère ou de sa sœur avant de connaître celles de sa propre naissance ? Quelle incidence sur sa manière d'appréhender le monde ? Compte tenu de mon rang de naissance, j'ai toujours éprouvé une sympathie spontanée pour les deuxièmes jumeaux ou jumelles que j'ai eu l'occasion de rencontrer au cours de mon existence.

De ma venue au monde, voici les informations que je tiens de ma mère : je pesais cent grammes de moins que ma jumelle et j'étais un peu moins grande de deux centimètres. Ma sœur était vigoureuse et pleine de vie alors que j'étais atone, sans réaction, « jaune comme un coing », au point que l'on s'est demandé pendant une quinzaine de jours si j'allais vivre.

Mes parents n'avaient rien prévu pour l'arrivée d'un deuxième enfant : ni prénom, ni vêtements, ni berceau.

---

1. Selon Anaïg Flandrin et Pierre Boulot du service de gynécologie obstétrique et médecine materno-fœtale de l'hôpital Arnaud-de-Villeneuve, CHU de Montpellier : « La morbidité périnatale des jumeaux est considérée comme classiquement majorée lorsque l'intervalle entre les deux naissances est important, en particulier lorsqu'il dépasse quinze minutes et en tout cas trente minutes : risque de décollement placentaire, de souffrance fœtale aiguë, de rétractations cervicale et utérine », *Actualité périnatale,* 13 juin 2008.

La naissance ayant eu lieu chez nous, ce fut le branle-bas de combat à la maison.

Le pharmacien du coin de la rue a proposé aussitôt de prêter un petit lit et il a fallu s'organiser pour trouver de la place pour loger les deux berceaux côte à côte dans la chambre de mes parents. Spontanément, un peu plus tard, des voisins et des amis sont venus apporter de la layette pour compléter le trousseau.

Très vite, s'est posée la question de la déclaration de naissance auprès de la mairie. Mon père, en état de choc après cette double naissance, était dans l'incapacité de prendre la moindre décision. Ma mère, encore trop fatiguée par un accouchement long et difficile, n'était pas davantage en mesure d'émettre un avis.

C'est Jeannine, l'employée de maison présente à l'accouchement, qui a effectué la démarche auprès de la mairie, à peine cinq heures après l'événement. L'a-t-elle fait de sa propre initiative ou à la demande de mon père ? Qui lui a remis le livret de famille ? Je ne l'ai jamais su. Seule certitude, c'est elle qui a été amenée à faire le choix d'un prénom pour la deuxième jumelle. Et c'est ainsi que j'ai hérité du prénom de Jeannette.

Ma mère, lorsqu'elle a repris ses esprits, a été contrariée d'apprendre que mon prénom avait été choisi à son insu. Elle aurait souhaité m'appeler Marie-Pierre qui aurait fait écho au prénom composé de Marie-Claude attribué à ma sœur.

Plus tard, vers l'âge de dix-huit ou dix-neuf ans, j'ai pensé que j'avais échappé à un prénom trop semblable par consonance à celui de ma jumelle. Je me suis dit aussi que cette Jeannine que je n'avais pas connue avait dû y mettre tout son cœur pour me donner un prénom si proche du sien !

Sur le registre des naissances, il est indiqué, à côté du nom de Jeannine, son âge – vingt-huit ans –, son domicile, ainsi que la mention « ménagère ». Cette activité professionnelle m'apparaît bien modeste au regard du rôle qu'elle a joué ce jour-là. Il est précisé aussi qu'elle a assisté à l'accouchement. Je n'ai jamais beaucoup entendu parler d'elle dans ma famille, comme si son passage avait peu marqué les esprits. En fait, je ne suis pas sûre que l'on souhaitait vraiment évoquer son souvenir... Ne lui reprochait-on pas inconsciemment le rôle qu'elle avait pu jouer à l'occasion de notre naissance ?

Par crainte sans doute d'un jugement social de ce qui aurait pu être considéré comme une mauvaise gestion d'un événement privé, ma famille a imaginé un scénario différent de la réalité. Une version a circulé selon laquelle une de mes tantes paternelles, prénommée Jeanne, avait fait le choix de mon prénom. Cette reconstruction toutefois ne résiste pas aux faits. La naissance étant intervenue de manière prématurée, trois semaines avant la date prévue, ma tante, qui habitait à plus de sept cents kilomètres, n'a pu arriver que plusieurs jours après la naissance. Or la déclaration a eu lieu le jour même et le registre de la mairie mentionne bien le nom de Jeannine comme déclarante et non celui de ma tante.

Cette question étant restée taboue, je n'ai osé interroger ma mère qu'à l'âge de vingt-sept ans, lors de la naissance de mon premier enfant. Celle-ci m'a confirmé alors la version « Jeannine » et m'a dit aussi combien elle avait été peinée de ne pas avoir participé au choix de mon prénom.

On m'a également rapporté que ma tante Jeanne, venue aider ma famille au moment de la naissance, s'était proposée de m'adopter. Mariée, sans enfant, elle aurait aimé m'accueillir dans son foyer, mais ma mère s'y était vivement opposée. Toutefois, pour venir en aide momentanément à mes parents, elle était repartie après une dizaine de jours avec mon frère âgé de seulement dix-huit mois et l'avait gardé auprès d'elle et de son mari pendant une année.

Pour terminer, une anecdote amusante : cette naissance surprise a fait la une de la presse locale, ce dont mon père se serait sans doute bien passé. Le même jour, en effet, sont nés à La Rochelle sept couples de jumelles. Le journal concluait ainsi son article : « Et tant pis pour la caisse d'allocations familiales et vive les jumelles ! »

Grossesses gémellaires d'hier et d'aujourd'hui : entre fantasme et réalité

Les temps ont changé, c'est vrai... Aujourd'hui les mères et les pères se préparent tranquillement à la naissance en savourant des images en trois D de leur bébé, dont ils parviennent presque à discerner les traits du visage ! Michel Soulé, pédopsychiatre qui a beaucoup travaillé sur le bébé, a qualifié l'échographie d'« interruption volontaire de fantasme [1] ». Et pourtant, que penser de cette époque où l'on ne pouvait s'appuyer sur aucun élément de réalité pour se préparer ? Était-ce préférable, particulièrement en cas de grossesse gémellaire ? Difficile, comme toujours, de statuer de manière définitive.

Certains couples, certaines personnes – mères ou pères –, savaient très bien accepter la « nature » telle qu'elle venait : deux bébés à la place d'un, un garçon à la place d'une fille, un roux à la place d'un blond... Leur bébé imaginaire restait une image assez floue et surtout assez aménageable pour ne pas poser de problème dans sa confrontation au bébé réel. Du coup, ce dernier pouvait les surprendre, certes, mais il parvenait toujours à les séduire, car leur fonctionnement psychique était assez souple pour accueillir un enfant, quel qu'il fût.

Aujourd'hui, c'est la même chose ! Certains parents, avec ou sans échographie, continuent de rêver leur bébé et restent subjugués par lui quand il naît, même s'il ne correspond pas vraiment à leurs attentes et ce, qu'il soit unique ou « double » ! La seule différence sans doute, c'est que ceux qui, autrefois, ne parvenaient pas à ce degré d'harmonie n'avaient alors aucune porte de secours.

La visualisation du bébé, de ses caractéristiques sexuelles, et du nombre de fœtus, permet aux parents de notre siècle de progressivement apprivoiser la distance entre leurs fantasmes et ce que leur réserve l'intérieur de l'utérus maternel. Certes, ils peuvent passer par

1. Soulé M., *Mère mortifère, mère meurtrière, mère mortifiée*, Paris, ESF, « La vie de l'enfant », 1987.

un moment de désarroi, voire un mouvement de panique : imaginer deux bébés à la place d'un, ce n'est pas toujours facile quand on ne s'y attend pas du tout (c'est un peu différent dans les familles où les jumeaux sont nombreux) ! Mais ils ont le temps de discuter entre eux, de se faire aider, accompagner, de faire appel à la famille, aux amis, à des professionnels, pour peu à peu mieux accepter, puis se réjouir, de ce qui va arriver. Préparer la chambre, acheter des vêtements adaptés, chercher un mode de garde confortable : tant de petites choses qui font beaucoup quand le (ou les !) bébé(s) arrive(nt).

Le rang de naissance pour les jumeaux

La place du jumeau à la naissance reste symbolique, mais la force du symbole diffère selon les histoires, les familles, les identifications.

Dans la Genèse, le cas d'Ésaü et de Jacob, jumeaux et fils d'Isaac, petit-fils d'Abraham, en constitue une bonne illustration. À la naissance, après une lutte qui a débuté entre eux pendant la grossesse, Jacob tente de retenir son frère par le talon pour l'empêcher de naître le premier. Ensuite, les deux frères ennemis vont se battre toute leur vie durant, à la tête de leurs peuples rivaux. Jacob, le deuxième né, n'a de cesse de se venger d'Ésaü jusqu'à lui extorquer son droit d'aînesse, ce à quoi il parviendra pour devenir, finalement, le père du peuple juif. Quelle histoire rude, et si humaine pourtant !

Parfois, la place de naissance est vite oubliée par les parents, qui en font une sorte d'« anecdote » familiale. Parfois, au contraire, les bébés sont différenciés de façon plus ou moins évidente, comme dans le cas de Jeannette. Telle mère sera plus attachée à son premier-né car elle a été, elle-même, l'aînée de sa famille ; telle autre, au deuxième, car son frère puîné a été très malade, et elle se met à craindre que ce bébé le soit aussi, renégociant inconsciemment sa culpabilité liée à sa rivalité fraternelle passée ; tel père sera moins attentif à son garçon jumeau, né le deuxième, tellement il a été heureux de voir sortir un bébé fille en premier, etc. Il n'existe donc pas d'amour systématique pour le premier ou le deuxième jumeau, mais un poids plus ou moins lourd de fantasmes parentaux projetés sur le bébé, aboutissant à des comportements parfois contrastés, pouvant conduire, dans de rares cas, à une maltraitance ciblée. Le choix des prénoms peut rendre compte de ces inégalités d'investissements.

Deux bébés... et une dépression

La maman de Jeannette a traversé sans doute une période difficile de *post-partum* (période suivant immédiatement l'accouchement), un phénomène classiquement plus fréquent en cas de grossesse gémellaire. Chez elle, la fatigue était liée à plusieurs facteurs : sa surprise, face à ces deux bébés filles, dont une arrivée plus tard que l'autre ; la réaction négative de son mari, sur qui elle ne pouvait pas s'appuyer ; les difficultés pratiques que cette double naissance a provoquées, dans sa vie quotidienne de femme de commerçant, un épuisement physique rapide.

Dans de nombreux cas de grossesse gémellaire, la fatigue de suite de couches correspond au développement d'un processus dépressif, parfois sévère. Il est donc essentiel de prévenir l'éclosion d'une telle dépression du *post-partum* chez les mères particulièrement exposées, en anticipant leurs difficultés à venir pendant la grossesse, ce qui est encore aujourd'hui insuffisamment fait. Il est également fondamental d'évaluer la capacité des mères (mais aussi des pères !) à vivre bien la venue de deux bébés (parfois plus, dans les grossesses issues de procréations médicalement assistées) pour les soutenir et aménager les conditions d'accueil des bébés à la maternité, en cas de difficultés. Bien entendu, il faut ensuite accompagner ces couples, pendant les suites de couches, au retour à la maison, ne pas les « lâcher » trop vite, surtout quand ils ne bénéficient pas d'un soutien familial suffisant.

Que disent ces mères quand elles parlent de leur désarroi ? Qu'elles n'ont que deux bras et qu'il leur sera impossible de donner le sein ou le biberon à deux bébés en même temps (alors que celles qui vivent bien leur grossesse gémellaire trouvent tout naturellement un rythme un peu différent, qui leur permet de « décaler » les bébés, sans craindre de frustrer l'un ou l'autre) ; qu'il est extrêmement douloureux, pour elles, de penser pouvoir confondre leurs bébés tant ils se ressemblent (alors que les autres trouvent immédiatement un mode de différenciation, et rient quand, par hasard, elles commettent une erreur !) ; parfois même, qu'elles ne peuvent imaginer avoir deux bébés en même temps dans leur ventre, se sentant envahies, étranges, mal à l'aise (alors que les autres se sentent gratifiées par la nature, et fières de donner deux fois la vie en même temps). Il arrive que les suites de la naissance accentuent les difficultés, par exemple les bébés doivent séjourner en réanimation et l'un sort avant l'autre, parfois un des bébés est véritablement malade.

L'importance du tiers en cas de dépression

Un parent déprimé n'interagit pas avec son bébé de façon adaptée sur un plan émotionnel. Il peut prodiguer des soins d'excellente qualité « technique », mais il est incapable de faire ressentir à son bébé du plaisir dans son corps. Le psychanalyste André Green parle de la « mère morte [1] », présente physiquement, mais absente psychiquement à son bébé. Si rien n'est mis en place pour sortir le parent de ce type de comportement, si aucun relais n'intervient, le bébé est en danger. En effet, il peut se construire en miroir de la dépression parentale, désinvestir son corps, ou en tout cas ne pas se construire une image corporelle positive, douce, fiable, ce qui compliquera son entrée dans les apprentissages.

Parfois, au contraire, le bébé se met en position de « lutte » active, et c'est le cas de Jeannette sans doute. S'ancre en lui une sorte de pulsion de vie incroyable qui le mène à se battre au lieu de se débattre. Il développe une résilience impressionnante et sort de cette petite mort possible, grandi, fort, avec une appétence de vie intense. On retrouve souvent alors une figure solide et bienveillante, sur laquelle le bébé a pu s'appuyer dans la réalité ou, au moins, fantasmatiquement. À ce propos, je ne peux m'empêcher de penser que les circonstances entourant le choix du prénom de Jeannette ne sont pas neutres dans son histoire : la femme qui lui a donné ce prénom lui a sans doute transmis autre chose que quelques lettres.

1. Green A., *Narcissisme de vie, narcissisme de mort*, Paris, Éditions de Minuit, « Critique », 1983.

Peut-être a-t-elle été touchée par ce bébé inattendu mais bien vivant et, par cet acte allié à un regard de sollicitude, elle lui a donné un important point d'ancrage.

Chapitre 2

Vraies ou fausses jumelles ?

Longtemps, nous avons pensé, ma sœur et moi-même, que nous étions de « fausses » jumelles. À notre naissance, en effet, le médecin accoucheur, s'appuyant sur le constat qu'il existait un placenta et une enveloppe pour chacune de nous, avait déclaré que nous appartenions au groupe des jumeaux hétérozygotes. Être qualifiée de « fausse » n'était évidemment pas très valorisant mais, en dépit de cette appellation négative, je pensais qu'il était préférable de faire partie de cette catégorie, plus proche de la norme.

À l'âge adulte, je me suis liée d'amitié avec une « vraie » jumelle, à une époque où j'ignorais encore que j'étais moi-même monozygote. Son histoire m'avait profondément bouleversée. Sa sœur était décédée quelques années auparavant d'un cancer et elle m'avait confié combien sa mort, intervenue alors qu'elle avait quarante ans, avait été douloureuse pour elle. Elle m'avait révélé aussi, non sans culpabilité, que ce décès l'avait « libérée », l'amenant à gérer son existence différemment. Alors qu'elle ne s'était jamais autorisée jusque-là à vivre pleinement sa vie de femme, elle avait connu après la disparition de sa sœur une période tumultueuse avec de nombreuses aventures amoureuses sans lendemain, avant de s'engager dans une relation stable de couple.

Le fait d'être l'une et l'autre jumelle a sans doute favorisé les échanges et une certaine connivence entre nous. C'est ainsi qu'elle m'a fait part de ses interrogations concernant la demande faite par son ami : ce dernier souhaitait qu'elle subisse une intervention chirurgicale au niveau du nez qu'elle avait assez proéminent. Or mon amie, grande et élégante, assumait son nez avec une relative aisance. Aussi, la requête de son ami n'était-elle pas sans la troubler, notamment au regard de son identité de jumelle. Était-elle autorisée à rompre la ressemblance avec sa sœur alors que celle-ci était décédée ? Pouvait-elle se libérer de l'image-souvenir qu'elle incarnait pour beaucoup de personnes dans son entourage, et plus particulièrement pour sa mère ? Après l'intervention, elle a semblé assumer sans regret son nouveau visage qui faisait d'elle un être unique au regard des autres.

À l'instar de sa jumelle, elle pensait qu'elle ne serait pas épargnée par la maladie. Elle est décédée d'un cancer, quelques années plus tard, faisant face à la mort avec dignité, comme si elle l'avait attendue. À l'époque, j'ai été impressionnée par cette trajectoire de vie, louant le ciel de ne pas être moi-même une « vraie » jumelle.

Les maladies entre vrais jumeaux

Une étude sur les maladies multifactorielles issue du Laboratoire de génétique humaine de l'université Victor-Segalen, à Bordeaux, apporte les précisions suivantes : « Certaines maladies dites multifactorielles sont dues à l'interaction entre les événements génétiques et des facteurs environnementaux. Ce sont des maladies fréquentes dans la population telles que le diabète, l'hypertension artérielle, l'asthme, la polyarthrite rhumatoïde, certains cancers, la maladie de Crohn, certaines maladies psychiatriques comme la schizophrénie.

L'étude des vrais jumeaux, qui sont génétiquement identiques, montre que si l'un des jumeaux est atteint de la maladie, le second a davantage de risque de développer la maladie que les autres frères et sœurs ou les faux jumeaux. »

Source : http ://www.planetegene.com

Je n'ai eu la révélation de la nature de ma gémellité que bien plus tard, sous la forme d'un résultat d'analyses de laboratoire.

Ma fille, pédiatre spécialisée en néonatalité, m'avait informée que des analyses de sang permettaient désormais de déterminer la zygosité des jumeaux selon une probabilité à 95 %. Un ensemble d'observations nous concernant, ma sœur et moi, l'avait conduite à s'interroger sur le bien-fondé du diagnostic initial. J'ai donc été amenée à effectuer cet examen sanguin, et à encourager également ma sœur à s'y soumettre. J'avais alors cinquante ans. Cette démarche ne s'était jamais imposée à moi, malgré l'étonnante ressemblance physique qui me liait à ma sœur. Le fait d'être considérée comme une « fausse » jumelle me convenait parfaitement. L'analyse des groupes sanguins et des typages immunologiques ont mis en évidence une similarité de tous les marqueurs. Selon toutes probabilités, ma sœur et moi étions des jumelles monozygotes.

Pour confirmer ce résultat avec une fiabilité estimée à 99,9 %, il aurait été nécessaire d'effectuer un « test de zygosité » permettant de vérifier que nous avions bien le même ADN. Or, en France, la loi dite de bioéthique de juillet 1994 a fixé des limites pour le recours aux tests ADN dans le souci de préserver les libertés individuelles. Les tests ne sont autorisés que dans le cadre des prescriptions médicales pour les maladies génétiques et les greffes, ou pour la résolution des affaires judiciaires. Aucune disposition particulière n'a été prévue pour les jumeaux et n'a été ajoutée dans le cadre de la révision de la loi.

Le seul recours pour ceux qui souhaitent connaître la nature de leur gémellité consiste à contourner la loi en s'adressant à un laboratoire étranger. Les offres ne manquent pas sur Internet moyennant un coût de quatre cents à huit cents euros. La démarche suit un schéma simple et précis : envoi par le laboratoire de deux kits de saisie, soit deux petites trousses contenant chacune une éponge avec laquelle on recueille un peu de salive et retour par la poste des prélèvements au dit laboratoire. Les résultats du test comparatif sont communiqués ensuite par mail, téléphone ou courrier postal. Entreprise coûteuse et d'une facilité déconcertante qui ne prend nullement en compte les motivations à l'origine d'une telle démarche ni le choc psychologique que peut représenter l'annonce des résultats.

J'ai appris par un ami magistrat que ces examens auprès de laboratoires étrangers étaient fréquemment effectués par des particuliers pour la détermination de paternité. Or ces tests, proposés sur Internet, ne présentent pas les garanties nécessaires et se révèlent parfois erronés lorsqu'une contre-expertise est effectuée par un laboratoire français agréé. Fiabilité douteuse donc de ces tests auxquels ont recours également les jumeaux. Risque lourd, aussi, sur le plan pénal de cette démarche illégale de recherche d'ADN qui peut être sanctionnée par une peine de quinze mille euros d'amende et d'une année d'emprisonnement.

Aux yeux des associations de jumeaux ou parents de jumeaux, l'impossibilité juridique actuelle de faire pratiquer un test de zygosité en France pour permettre aux jumeaux de connaître leur origine représente une anomalie. Un élargissement de la loi a été sollicité à de nombreuses reprises par plusieurs de ces associations auprès du Comité national d'éthique.

En ce qui me concernait, le résultat de l'analyse sanguine m'est apparu comme une preuve suffisante car il correspondait à ce qu'était depuis longtemps mon intuition profonde. Ma sœur a partagé cette conviction.

Les données initiales qui avaient déterminé lors de notre naissance notre appartenance au groupe des jumeaux hétérozygotes ont en effet évolué. On sait aujourd'hui que la présence de deux placentas et de deux poches ne signe pas dans tous les cas une gémellité dizygote. Il existe un autre scénario, longtemps ignoré : le clivage précoce de l'œuf dans les deux premiers jours après la fécondation, qui entraîne la formation d'un chorion et d'un amnios pour chacun des deux embryons. Ces jumeaux, qui possèdent ainsi chacun une enveloppe et un placenta, font partie de la catégorie des « monozygotes dichorioniques » ou MZDC. Ils représentent 30 % des monozygotes et sont le plus proches à la naissance par la taille et le poids car ils ont connu des environnements intra-utérins semblables. Ils sont toujours du même sexe, ont la même physionomie et sont pratiquement impossibles à distinguer durant leur enfance.

Vrais ou faux... Une vraie différence ?

Les jumeaux homozygotes sont semblables mais loin d'être identiques ! Même si leur bagage génétique est commun ils n'analysent pas forcément de la même façon leur environnement, sans doute parce que celui-ci n'interagit pas de manière similaire avec eux ! Pour autant, leurs regards croisés risquent de se renvoyer une identité à l'infini, en spirale aspirante – fascinante – dans laquelle ils peuvent se perdre. Rappelons-nous *Les Météores* de Michel Tournier[1].

Cette possible « inquiétante étrangeté » les guette tout particulièrement si leurs parents ne se posent pas en tiers différenciateurs devant les miroirs réels en leur affirmant : « Regarde qui tu es, semblable et différent à la fois, de ton frère (ou de ta sœur). Avance et vis avec lui (ou avec elle), riche de ce lien exceptionnel qui ne doit jamais devenir un carcan, une prison. » Plus les parents assument la gémellité de leurs enfants, plus ces derniers parviennent à se développer peu à peu sans se fondre l'un dans l'autre, en s'appropriant une identité propre.

Les jumeaux hétérozygotes peuvent se ressembler beaucoup, mais ils peuvent aussi être radicalement différents, du fait de leur sexe par exemple. Il n'en reste pas moins qu'ils naissent en même temps et se développent au quotidien dans un lien spéculaire, chacun étant comme l'image en miroir de l'autre, son « double » parfait en quelque sorte : à la maison, chez la nounou, à la crèche même, les tiers extérieurs sont toujours moins proches d'eux que leur frère (ou sœur). Certains parents ne peuvent supporter cette fusion gémellaire tout en se culpabilisant fortement de ce rejet agressif qu'ils transforment généralement en comportement plus acceptable socialement. C'est ainsi qu'ils ont souvent tendance à « soigner le mal par le mal », si l'on peut dire, en renforçant le lien entre leurs enfants, alors que c'est justement ce lien si particulier qui les dérange. Ils peuvent, par un processus psychique inconscient qui inverse des réactions émotionnelles trop culpabilisantes – on parle alors de contre-investissement – emprisonner

1. Tournier M., *Les Météores*, Paris, Gallimard, 1975.

les jumeaux dans leur ressemblance : mêmes vêtements, mêmes fournitures scolaires, etc. Ce faisant, ils récupèrent une certaine gratification extérieure, mais accentuent pour leurs enfants le risque de spirale désidentifiante.

L'histoire de Jeannette illustre bien à la fois l'importance et le caractère dérisoire ou illusoire de cette question du « vrai » ou du « faux » : elle et sa sœur sont, à leur naissance, déclarées « fausses » jumelles ; cependant, elles sont immédiatement « homogénéisées » par leurs parents, comme si elles étaient de « vraies » jumelles. Alors, rapidement, elles luttent pour revendiquer leurs différences (ce sera très clair quand elles seront plus grandes), tout en gardant l'intime conviction qu'elles sont de « vraies » jumelles. Finalement, l'examen leur donne raison, mais ce « sceau » du génétique aurait-il changé radicalement leurs parcours de vie, si leurs parents en avaient eu connaissance, dès le début ?

Le chemin tortueux vers la vérité peut être vital pour certains, mais, dans bien des cas, c'est la réalité fantasmatique qui reste la plus prégnante, même une fois la sanction du caryotype posée : si les parents sont mieux armés et vivent de façon plus confortable, voire heureuse, la gémellité de leurs enfants, ils savent intuitivement s'adapter au moindre mal. Ils ne cherchent pas à différencier leurs bébés à tout prix, trop précocement, de façon abrupte, rigide, sans apporter les aménagements nécessaires à la négociation des angoisses de séparation de ceux-ci. Ils ne fonctionnent pas non plus en collage permanent, entretenant l'angoisse non constructive de fusion. Alors, la révélation du « vrai » ou « faux » devient bien moins vitale pour les jumeaux qui ne courent pas après leur vie durant, car ils habitent leur corps et leur tête chacun à leur façon, sans trop se poser de questions, et ce, dès le début de leur vie.

Chapitre 3

L'arrivée dans la famille

Le désarroi familial qui a suivi notre arrivée a fait l'objet de nombreux récits dans mon entourage, et plus particulièrement par mon père. Chaque fois, il semblait revivre avec une intensité particulière cet épisode difficile.

Confrontés du jour au lendemain à la réalité d'une double naissance, mes parents ont vécu cet événement comme un véritable traumatisme. Au vent de panique ont succédé certaines décisions prises dans l'urgence, sans aucun recul et le minimum de réflexion préalable qui auraient permis sans doute de mieux gérer la situation.

Il en fut ainsi de la décision de confier pendant une année un de mes frères, alors âgé de dix-huit mois, à une de mes tantes paternelles. La séparation a été d'autant plus dure que, je l'ai dit, ma tante vivait à plus de sept cents kilomètres, ce qui rendait difficile tout contact pendant cette période. Bien que très choyé par notre tante et son mari, mon frère a exprimé par la suite ses interrogations concernant cet éloignement qu'il a ressenti, *a posteriori*, comme une véritable exclusion au moment de la naissance de ses deux sœurs.

La vie de mes deux frères s'est trouvée sans doute profondément bousculée. Sur le plan psychique, comment ont-ils intégré ce passage de la fratrie de deux à quatre et leur nouveau rang au sein de celle-ci ? Comment ont-ils vécu les réactions négatives de notre père face à cette double naissance ? Comment ont-ils accepté la réorganisation obligée de la famille ?

Mon frère aîné, qui était resté cinq ans enfant unique, a été confronté à trois naissances consécutives en l'espace de dix-huit mois : celle de mon frère deuxième né, puis celles des « jumelles ». On peut imaginer le changement que cela a représenté pour lui ! Il n'est pas certain qu'il ait pu bénéficier de l'attention nécessaire au sein de la nouvelle configuration familiale.

J'ai peu de souvenir commun avec lui car, très vite, il s'est retrouvé en pension, loin du domicile familial puis, à la sortie de l'adolescence, engagé comme « pilotin ». C'est ainsi que l'on nommait à l'époque les mineurs embarqués dans la marine marchande pour se préparer aux fonctions d'élève officier. Ce terme était mystérieux pour moi : je voyais mon frère disparaître et réapparaître de temps à autre à la maison, sans que sa présence ait une incidence marquée sur ma vie de tous les jours. Dans mon imaginaire d'enfant et d'adolescente, il était le grand frère un peu mythique, auréolé du prestige de ses voyages dans les pays lointains. J'ai eu la chance, pendant ma vie d'étudiante à Bordeaux, de le rencontrer plusieurs fois sur son bateau, un énorme cargo qui faisait escale le long des quais, en plein centre-ville, juste en face des Quinconces.

J'ai beaucoup plus de souvenirs avec mon deuxième frère, plus âgé seulement de dix-huit mois, avec lequel ma sœur et moi formions pendant l'enfance un joyeux trio. En raison du manque de disponibilité de nos parents, nous disposions d'une grande liberté pour organiser nos loisirs : les jeux sans fin sur la plage de La Rochelle au rythme des marées, les exploits à bord d'un canoë, loué pour quelques heures, qui nous emmenait de manière très imprudente jusqu'à la sortie de la rade, les courses-poursuites dans la cour de l'appartement où nous vivions. Il était le grand frère gentil et protecteur, extérieur toutefois à la bulle gémellaire dans laquelle ma sœur et moi étions confinées. Il bénéficiait d'une attention personnalisée de l'entourage familial qui lui conférait un statut particulier bien différent de celui qui m'était réservé ainsi qu'à ma sœur en tant que jumelles. Son départ en pension dès la classe de cinquième, loin du domicile familial, est venu rompre en partie l'harmonie de notre bande à trois.

Pour revenir à mes parents, et à leur état d'esprit lors de la naissance, j'imagine combien l'organisation a dû être lourde pour eux au quotidien : le temps mobilisé, les soins prenants, les nuits courtes et le sommeil entrecoupé par les pleurs successifs de l'une et de l'autre.

Mon père, armurier qualifié selon une tradition familiale remontant à plusieurs générations, se levait tôt le matin afin d'être présent dès six heures à son atelier. Il réparait ou restaurait les armes que lui confiaient ses clients. Ceux-ci venaient parfois de très loin, tant sa renommée et sa compétence étaient grandes. Quant à ma mère, elle avait pour tâche de tenir le commerce spécialisé dans la chasse et la pêche.

Lieu de travail et lieu de vie étaient intimement liés, au rez-de-chaussée d'un vieil immeuble, situé au cœur de la ville de La Rochelle. J'ai le souvenir d'un va-et-vient incessant entre le commerce, l'atelier et notre appartement. Il y avait au milieu de tout cela une cour tout en longueur où mon père et parfois ma mère venaient tester des armes, en présence des clients. Pour ces essais, une cible était installée à l'une des extrémités de la cour qui était aussi l'aire de jeux des enfants. Confinés par nos parents dans un coin de la cour pour notre sécurité, nous assistions avec intérêt aux tirs plus ou moins réussis des clients.

Mon père et ma mère étaient originaires de Saint-Étienne, ville qui avait fait de la fabrique d'armes une vocation. Aussi, l'armurerie était-elle pour eux un métier de grande noblesse, presque une religion. Mon grand-père paternel, alors chef d'atelier d'une maison d'armes stéphanoise, avait d'ailleurs été sélectionné pour la confection d'un fusil de chasse destiné à être offert par la France à Albert Ier, roi des Belges. Et il avait eu le grand honneur d'aller en Belgique avec la délégation officielle pour remettre ce précieux présent.

Le commerce était ouvert dès huit heures du matin, jusqu'à dix-neuf heures trente, sans interruption. J'imagine, lorsque ma sœur et moi étions toutes petites, le va-et-vient incessant de ma mère entre l'appartement et le magasin, à chaque sonnerie de la porte d'entrée annonçant l'arrivée d'un client. Elle disait souvent qu'elle avait des journées bien remplies qui ne lui laissaient pas un instant de répit, malgré la présence à certaines heures d'une employée de maison. Elle ajoutait qu'elle n'avait pu s'octroyer qu'une semaine de repos, après chacun de ses accouchements, y compris après celui des jumelles particulièrement éprouvant.

Avec l'arrivée simultanée de deux bébés, mon père avait été amené, par la force des choses, à participer aux soins pour les toilettes, les changes et les biberons, et très vite, il semble qu'il ait été conquis par les frimousses de ses deux fillettes. Malgré ses discours récurrents sur l'événement catastrophique de notre naissance, il montrait une vraie sollicitude à notre égard. Pour cet homme laborieux, issu d'un milieu ouvrier, nul doute que cette double naissance, portant brutalement à quatre le nombre des enfants à nourrir, avait eu un fort impact.

La dérobade de mon père pour le choix de mon prénom m'a longtemps troublée. Lorsque j'ai eu moi-même des enfants, j'ai mesuré combien l'attribution d'un prénom représentait un privilège. Ce geste n'est-il pas de nature à condenser les projets, les attentes, les rêves d'un père et d'une mère face à leur enfant ? N'est-il pas en soi un acte de filiation ?

Quant à ma mère, elle s'est souvent exprimée sur les difficultés qu'elle avait rencontrées au cours de nos premières années : devoir partager son attention et son temps entre deux nourrissons, être présente pour les deux à la fois, s'occuper de l'un tout en restant attentive à l'autre... Elle disait par exemple qu'elle n'arrivait pas à donner calmement le biberon à l'une lorsque l'autre, obligée d'attendre son tour, se mettait à pleurer : elle se trouvait tiraillée entre la sollicitude suscitée par ces pleurs et l'inquiétude qu'ils ne réveillent l'autre.

Elle soulignait également qu'une grande complicité existait entre ma sœur et moi lorsque nous étions bébés, une complicité qui se traduisait par une compréhension immédiate dont le sens échappait le plus souvent à l'entourage. Cette relation de grande proximité a sans doute été renforcée par le manque de disponibilité de mes parents en lien avec leur situation professionnelle particulièrement prenante. Notre premier univers de communication a été de manière privilégiée, semble-t-il, celui que nous avons créé entre nous dès notre plus jeune âge.

Au cours de mon enfance, j'ai souvent entendu ma mère dire que sa relation avec moi et ma sœur était différente : « Les jumelles sont moins affectueuses que leurs deux frères. Elles ont moins besoin de moi. » Cette remarque que je percevais comme un reproche implicite me peinait secrètement.

Des jumelles : « catastrophe » ou chaos familial ?

L'arrivée de jumeaux peut prendre l'allure de catastrophe dans une famille : la fratrie se retrouve en grande difficulté pour accepter des bébés qui prennent décidément beaucoup de place dans tous les sens du terme (dans l'espace, la tête et les bras des parents, etc.). La rivalité fraternelle s'exacerbe, l'agressivité vis-à-vis des bébés devient rapidement exponentielle. Elle est alors souvent contre-investie (c'est-à-dire « inversée », comme je l'ai déjà expliqué), car elle provoque des conflits intrapsychiques trop lourds : culpabilité, crainte de perdre l'amour des parents, peur de leur épuisement dépressif, etc.

Le risque majeur pour la fratrie, si elle ne se déprime pas immédiatement (échec scolaire, somatisations, etc.), est de plonger à corps perdu dans ce qu'on appelle la parentification : il s'agit du fonctionnement, induit par un comportement ou un discours inconscient du ou des parents, qui incite les enfants à prendre la place de ces derniers pour les soulager de leur fonction parentale devenue trop lourde, en raison d'un mouvement dépressif, d'une maladie, etc. Ce type de fonctionnement peut donner à l'enfant l'impression qu'on lui a volé son enfance, en le rendant trop tôt trop mature, trop autonome, trop adulte, ce qui n'a rien de positif.

En effet, la parentification contrecarre les processus d'autonomisation habituels propres à l'enfance et amène à la construction d'une personnalité en « faux self ». Le frère (ou la sœur) devient alors une sorte de caméléon prêt à tout pour rester exactement ce que les autres attendent de lui. Évidemment, de telles personnalités sont très appréciées par l'entourage : elles donnent l'image d'un « enfant parfait ». Seconde maman ou second papa, toujours à l'écoute, toujours prêt à bondir pour rendre service, demandant peu et donnant beaucoup, ces caméléons font la fierté de toute la famille. Mais la suite de leur évolution reste beaucoup plus préoccupante et problématique car, lorsque la vie, en raison d'événements inattendus, traumatiques (deuil, séparation, maladie, processus d'adolescence difficiles etc.), demande à ces caméléons de se transformer trop vite ou de prendre des couleurs trop contrastées, ils s'écroulent, épuisés, vidés, et peuvent se mettent alors en danger grave (dépression majeure, tentative de suicide, anorexie mentale, conduite à risque potentiellement létale, bouffée délirante aiguë, etc.).

L'histoire de Jeannette concentre des difficultés parentales classiques (fatigue, impossibilité de travailler « comme avant » pour les parents, craintes financières, indisponibilité pour ses frères, etc.) qui entraînent des remaniements très importants au niveau du fonctionnement global de la famille (éloignement des frères, participation du père aux soins dits « maternels » à l'époque, ce qui permet à ce dernier de mieux faire connaissance avec ses filles qu'il vit, en même temps, comme la cause de ses soucis, etc.). On peut imaginer qu'une aide ciblée aurait sans doute permis de désamorcer, au moins en partie, la dépression maternelle, de soutenir le père dans l'investissement de ses filles, et de garder aux frères une place plus confortable au sein de la famille.

Les attitudes parentales face au « bloc » gémellaire

Les jumeaux naissent ensemble et développent donc des fonctionnements communs qui prennent parfois une allure inquiétante pour les autres : ils s'occupent entre eux, se perdent dans leurs « regards-miroirs », parlent une langue qui leur est propre (néolangage créé par eux), se soutiennent, s'épaulent, même s'ils peuvent aussi devenir rivaux, comme la Genèse le met en scène. On constate souvent qu'un lien corporel très particulier persiste entre eux après la naissance, comme l'observent bien des réanimateurs pédiatriques : un des jumeaux, encore intubé et ventilé fait un malaise en réanimation ; l'autre, qui dormait tranquillement dans le service de néonatologie d'à côté, où il avait été transféré la veille parce qu'il pouvait respirer sans aide, devient pâle, s'agite. Il faut lui apporter de l'oxygène immédiatement. Que se passe-t-il ? Quelle curieuse osmose persiste entre ces bébés « doubles », pourtant séparés ? Sont-ils encore un peu siamois d'une certaine façon ?

Alors, comment appréhender le face-à-face avec ce « bloc gémellaire », qui peut sembler inaltérable ?

Certains parents le vivent avec un douloureux sentiment d'abandon, d'exclusion, qui peut les amener à se déprimer vraiment. La fratrie, bien évidemment, vit la même chose : sensation que ces bébés doubles donnent deux fois plus de satisfaction aux parents que leur propre naissance, devenue dérisoire (un, c'est moins que deux !) ; déception que ces bébés n'acceptent personne dans leur bulle de plaisir (s'ils savaient combien elle peut aussi devenir anxiogène, cette bulle !), refusant de jouer avec quiconque, ou n'incluant les autres que superficiellement dans leurs jeux. Le bloc est encore plus fort quand les jumeaux ont le même sexe, car ils sont soudés par des identifications spéculaires encore plus solides et harmonieuses.

Certains parents cherchent à rompre le bloc, de façon consciente ou non, parfois simplement parce que les vicissitudes de la vie quotidienne se négocient moins inconfortablement ainsi, par exemple en s'occupant systématiquement chacun d'un bébé à la fois. Cela peut leur permettre de mieux connaître chacun de leurs enfants, mais parfois le lien se pervertit, car c'est toujours le même parent qui prend en charge le même bébé, pour des raisons plus ou moins inconscientes (sexe, rang de naissance, etc.). Un nouveau type de fusion peut alors s'installer, parentale cette fois, remplaçant la fusion gémellaire, ce qui ne facilite en rien le développement des jumeaux, ni celui de la fratrie.

D'autres parents, déroutés, impuissants, cherchent à retrouver une certaine maîtrise, en accentuant les ressemblances dans le bloc gémellaire : ils ne dénomment plus leurs enfants par leurs prénoms respectifs, mais utilisent un nom impersonnel globalisant (« les jumeaux ») ; ils maquillent les petites différences pour ne garder que les ressemblances et visent à atteindre un identique absolu (« poupéisation » des petites jumelles). Tout cela, évidemment, enferme davantage les jumeaux dans leurs difficultés identitaires.

C'est pourquoi, il est fondamental que les professionnels accompagnant les parents en maternité, anticipent pendant la grossesse ce type de difficultés interactionnelles souvent prévisibles, en proposant un travail de préparation à l'accouchement adapté aux grossesses gémellaires. Quand les enfants sont nés, les professionnels présents en crèche, en PMI ou en cabinet médical pour le suivi (pédiatre, médecin généraliste), doivent être informés et formés au repérage et à la guidance de ce type de problématique pouvant, si on ne les traite pas suffisamment tôt, produire des effets dévastateurs, aussi bien pour les bébés jumeaux, que pour leurs frères et sœurs.

Accompagner la fratrie

Je voudrais m'attarder sur ce point, car il est souvent difficile pour les parents de prendre conscience de ce que représente la venue d'un couple de bébés – particulièrement quand ils sont vraiment ressemblants et du même sexe –, pour des aînés. Ceux-ci se sentent encore plus fortement mis en danger que par l'arrivée d'un seul bébé, et la rivalité fraternelle s'en trouve profondément exacerbée.

Le premier risque est de délaisser l'aîné, du fait de la charge que représentent les soins à apporter aux deux bébés, ce qui peut le plonger dans des angoisses d'abandon souvent fortes. Selon l'écoute des parents, leur épuisement, leur ambivalence, l'enfant peut ou non exprimer sa souffrance.

Le second risque que j'ai déjà souligné est celui de la parentification : de peur de surcharger ses parents déjà exténués, et donc de les perdre encore plus, le plus grand a tendance devenir l'« aîné parfait », à être aux petits soins... Cette attitude est loin d'être rassurante, car l'enfant s'engage alors dans la construction d'une personnalité en « faux self » (il fait toujours ce qui plaît aux autres, mais ne sait finalement pas qui il est lui-même). Parfois, au contraire, l'aîné se manifeste bruyamment (régression, échec scolaire, éléments dépressifs, troubles du comportement, etc.), ce qui a l'avantage de permettre de rectifier rapidement le tir !

Il est donc crucial que les parents se ménagent, parfois à tour de rôle, des moments privilégiés avec lui, pour lui montrer qu'il compte autant que ce qu'il vit comme un « bloc » gémellaire dont il se sent exclu.

Chapitre 4

De si jolies poupées

Pour retracer les deux premières années de ma vie, mes seules ressources sont les photos et les anecdotes transmises par la famille.

Les photos montrent deux bébés – jamais un seul pris individuellement – deux bébés donc, « identiques » en tout point ou presque : même aspect physique, même habillement, même attitude. Une ressemblance manifestement exploitée pour créer l'illusion de la similitude parfaite.

Si on y regarde de plus près pourtant, on peut observer de légères différences dans l'expression des regards, ainsi qu'au niveau de la morphologie des visages, ma sœur ayant un front plus large et plus carré. Mais la volonté qui transparaît à travers ces photos est bien d'imposer l'impression d'une ressemblance absolue, se conformant ainsi au mythe d'une identité « duelle » à travers une apparence identique.

Pour ce qui est des anecdotes, j'en retiendrai deux, particulièrement significatives.

Ma mère racontait que j'étais très « jalouse » de ma sœur et qu'à l'âge de dix mois, je me mettais à pleurer dès qu'elle la prenait dans ses bras. Mais, au grand amusement de l'entourage, lorsqu'à mon tour je me trouvais dans ses bras et qu'elle passait devant une glace, je me mettais de nouveau à hurler, car je pensais que l'image qui m'était renvoyée était celle de ma sœur.

Cette histoire, où se mêlent ma confusion devant mon image dans le miroir et ma jalousie de bébé, m'a été racontée de multiples fois. Elle pose de nombreuses questions, me semble-t-il, sur le parcours identitaire des jumeaux pris au piège de leur ressemblance.

Prêter attention à son reflet, le reconnaître comme identique et extérieur à soi avant de le percevoir comme l'image de soi, est un processus auquel est soumis chaque enfant dans la construction de son identité.

Mais, lorsqu'on est habitué à côtoyer journellement une réplique de soi, comprendre que cette image n'est pas celle de sa jumelle et admettre que cette dernière possède la même image que soi, reste d'une grande complexité qui ne favorise pas la prise de conscience de son identité. La tendance spontanée qui m'amenait à percevoir ma sœur jumelle dans le miroir et à considérer ce reflet comme une réalité est un leurre auquel sont soumis, semble-t-il, la plupart des jumeaux.

Pour que je sorte progressivement de cette impasse, il a fallu, m'a-t-on rapporté, que je découvre simultanément ma propre image et celle de ma sœur dans la glace. Il a donc fallu mettre en présence les deux images pour me permettre de franchir cette étape du miroir, décisive dans la construction identitaire.

Quelle prise de conscience de soi-même, de son corps, de sa personnalité, a lieu lorsque l'indifférenciation est ainsi omniprésente ? Le vertige du miroir m'a poursuivie longtemps et j'aurai l'occasion d'y revenir.

Le qualificatif de « jalouse » sera aussi un leitmotiv, pour ma sœur et pour moi, tout au long de notre enfance et notre adolescence, un leitmotiv négatif qui se traduisait par des reproches exprimés le plus souvent par nos parents. Quoi de plus naturel pourtant que ce sentiment réactionnel dans un tel contexte de confusion ? Comment faire autrement pour se différencier de l'autre ?

Dès mon plus jeune âge, je me souviens que je trouvais très injuste de ne pas avoir eu droit à la présence de ma mère pour moi toute seule pendant au moins la première année de ma vie, comme les autres enfants « non jumeaux ».

Voici maintenant la seconde anecdote mettant également en scène « les jumelles ».

Si, étant bébés, nous avions deux berceaux distincts, ce dont je suis reconnaissante à mes parents ou plutôt au voisin bienveillant qui a prêté le second petit lit, nous devions partager la chaise dans laquelle nous prenions nos repas. Plus exactement, un petit fauteuil en osier avait été accroché le long de la chaise haute de bébé pour nous permettre de nous trouver l'une en face de l'autre. Et il paraît que je profitais souvent de la situation pour subtiliser ce que ma sœur avait dans son assiette. Ainsi, notre mère avait l'habitude de temps à autre de rapporter pour chacune une tartelette du marché. Ma sœur restait en admiration devant sa pâtisserie tandis que je me dépêchais de manger les fruits avant de lui offrir la croûte vide. Ravie de ce cadeau, elle lâchait sa tarte que je m'empressais de récupérer pour en déguster le contenu. Le scénario se terminait inévitablement par des pleurs de ma sœur et des gronderies à mon égard, voire une petite tape sur la main qui me faisait hurler à mon tour.

Cette scène s'est renouvelée, semble-t-il, de nombreuses fois, selon différentes variantes, sans pour autant remettre en question l'opportunité du face-à-face lors des repas. Elle amusait apparemment ceux qui en étaient les témoins, nous transformant ainsi bien malgré nous en actrices, voire en petits singes ayant pour fonction d'amuser la galerie.

Ma petite enfance s'est ainsi développée avec en face de moi un vis-à-vis permanent, un « semblable à moi » ayant les mêmes besoins, les mêmes sollicitations : un miroir de l'image que je pouvais avoir de moi-même. Proximité unique que cette relation gémellaire, dans les interactions des premières années de la vie. Elle a, sans aucun doute, enrichi et complexifié la prise de conscience de mon individualité.

Semblables et pourtant non identiques

Tout bébé, à un moment ou un autre de son développement, est soumis à une « équation symbolique » dont les deux termes principaux sont le semblable et l'identique[1]. Chaque parent, par la qualité et le style des interactions qu'il propose à son enfant, lui permet ou non de résoudre au mieux cette équation de vie, dont le résultat le plus pertinent pour avancer vers une constitution identitaire confortable, est d'intégrer que le semblable est bien plus humain que l'identique (ce qui est la base de tous les processus d'identification réussie). L'identique reste l'équivalent du coupé/collé de l'ordinateur, du clone de la science-fiction (malheureusement plus tellement lointain !), de la reproduction par scission des organismes très primitifs.

Tout ce qui fait la richesse de l'humain vient justement des différences, des petites dissemblances, des décalages, même infimes, entre chaque être appartenant à la catégorie de l'*Homo sapiens sapiens*, dernier stade de l'évolution de l'être humain. Plus que tout autre mammifère, nous sommes capables de manier avec une agilité extrême le repérage des contrastes entre éléments, tout en sachant, pour raisonner efficacement, les regrouper de façon plus ou moins discriminante, dans des catégories dont nous définissons de la façon

1. Voir sur ce point Hanna Segal, « Note sur la formation des symboles », *in Délire et Créativité*, Paris, Éditions Des femmes, 1987.

la plus adaptée possible les frontières, en fonction des moments et des situations. Les plus grandes avancées de l'humanité – scientifiques, artistiques, etc. – découlent des bons choix de variables : prendre en compte ces petits riens de façon centrale – comme Alexander Fleming, qui remarque un champignon apparemment banal sur une culture bactérienne, premier pas vers la découverte de la pénicilline –, ou au contraire les négliger pour raisonner en privilégiant un groupement plus large – ne pas se perdre dans les détails mais aller à l'essentiel –, permet de faire fonctionner au mieux nos capacités de raisonnement.

Le bébé, à sa façon, est un scientifique en herbe : au tout début, pour apprendre, il imite, copie, c'est-à-dire qu'il raisonne avec l'idée que l'identique est sa seule planche de salut. Mais, sans s'en rendre compte, peu à peu, il imite à sa façon, il décentre, il module, poussant ses parents à devenir de plus en plus créatifs avec lui. Par exemple, il répond au sourire de sa mère par un sourire, réponse agrémentée d'un petit cri, qu'elle reprend en le décalant un peu, ce qu'il entend, reproduit et module encore. Cet « accordage affectif », pour reprendre l'expression du psychiatre Daniel Stern [1], peut se produire dans le même domaine – ici, le son : accordage « modal » – ou dans des domaines différents – accordage « transmodal ». Ainsi, un bébé peut répondre aux sourires de sa mère en produisant des sons qui visent à reproduire des sons qu'elle a déjà émis en souriant (lallation). La succession possible d'accordage modal et transmodal rend infinis les échanges et développe les capacités interactives des partenaires de manière gratifiante puisque chacun se sent à la hauteur des exigences de l'autre.

1. Stern D., *Journal d'un bébé,* Paris, Odile Jacob, 2004.

Quand l'enfant grandit, fort de ces premiers échanges initiés par une copie « à l'identique » transformée en copie personnalisée d'éléments devenus semblables dans leur valeur symbolique et émotionnelle et non dans leur forme (un petit cri de joie équivaut à un sourire), il peut s'inscrire dans des processus d'identification beaucoup plus complexes, car fondés sur la perception de variables semblables et non plus identiques. Par exemple, on peut rêver d'être *comme* Zidane et ne pas avoir besoin pour cela d'avoir exactement le même maillot que lui : il suffit de jouer avec son esprit de jeu et, même si on ne devient pas un champion, on peut être très heureux de faire du foot...

Ainsi l'enfant acquiert sa propre identité, c'est-à-dire son propre style de vie, de relations, de modalités d'apprentissage adaptées à ses potentiels. Ce cheminement dépend étroitement de facteurs innés (croisement des patrimoines génétiques parentaux) et de facteurs acquis (style interactionnel proposé par les parents dès la naissance). Plus ces derniers cherchent à enfermer l'enfant dans un moule – ce qui peut être le cas pour des jumeaux –, plus ils favorisent inconsciemment des mécanismes peu élaborés de copie à l'identique, au lieu de privilégier l'accession à des procédés plus riches d'appréhension du semblable, seuls capables d'amener l'enfant à des identifications confortables et variées, lui permettant de se construire une identité originale.

Il est donc très néfaste de chercher à enfermer les jumeaux dans une indifférenciation qui, même pour les homozygotes, ne peut objectivement être totale (jusque dans leurs gènes) et ne peut les conduire qu'à un sentiment d'étrangeté extrêmement angoissant, en même temps qu'à une restriction de leurs capacités adaptatives et créatrices.

Des gènes communs mais pas identiques

Les jumeaux homozygotes (dits « vrais jumeaux ») possèdent le même patrimoine génétique puisqu'ils proviennent des mêmes spermatozoïde et ovule, formant un seul œuf qui se sépare ensuite en deux œufs. Pourtant, l'expression des gènes communs est différente chez chaque jumeau : s'ils restent des « clones » au sens biologique du terme, ils présentent des différences visibles (empreinte digitales, constantes biologiques, etc.).

Si la division se produit moins de trois jours après la fécondation il y a deux placentas (grossesse bichoriale) et deux poches amniotiques (un tiers des grossesses gémellaires). Les bébés se développent donc dans deux poches différenciées mais ils se ressemblent pourtant de façon parfaite et ont même poids et même taille.

Si la division se produit entre trois et six jours après la fécondation, les bébés se nourrissent à partir d'un seul placenta (grossesse monochoriale) mais grandissent dans des poches amniotiques différentes. Ils peuvent alors avoir des tailles et poids différents du fait d'une alimentation plus compliquée.

Enfin, si la division ne se produit pas après que la poche amniotique s'est formée, les bébés sont siamois.

Les jumeaux dizygotes (dits « faux jumeaux ») proviennent de la fécondation concomitante de deux ovules par, chacun, un spermatozoïde (du fait d'une prédisposition maternelle à la double ovulation), avec nidation des deux œufs produits dans l'utérus. Chaque bébé se développe dans une poche amniotique propre et a son propre patrimoine génétique. Ils ne se ressemblent pas plus que deux frères et sœurs non jumeaux.

À travers son récit, Jeannette nous livre une clé de compréhension du comportement de certains parents. Dans sa famille, les adultes prennent manifestement plaisir à enclencher activement des processus fusionnels angoissants entre les jumelles (les chaises en face à face), ce qui leur permet de ne pas se sentir impuissants et exclus de leurs relations mais, au contraire, de « reprendre la main » en ayant la sensation rassurante pour les parents, de rester maîtres à bord.

Même mécanisme, sans doute, quand les parents nous montrent qu'ils aiment rompre sans ménagement la fusion qu'ils ont eux-mêmes induite entre leurs filles (la scène du miroir par exemple), sans doute quand ils sentent qu'elles commencent à s'y installer un peu trop confortablement, entraînant alors une angoisse majeure chez elles. Si la fusion, nous l'avons déjà dit, n'est pas constructive, sa rupture brutale après un enclenchement de lien spéculaire est violente, et véritablement traumatique pour le bébé jumeau qui se trouve perdu, sans repère, plongé dans un effroi nouveau, un vide sidéral[1], aussi terrifiant que l'inquiétante étrangeté suscitée par la fusion totale (sensation de se perdre dans l'autre à l'infini).

Pour être des parents « suffisamment bons », il est essentiel de ne pas provoquer soi-même de fusion entre les bébés jumeaux. Mais il est tout aussi fondamental, devant celle qui s'installe parfois de façon inévitable, en les accompagnant avec bienveillance, d'introduire entre eux une infinitésimale puis plus consistante distance, sans les plonger radicalement et instantanément dans le gouffre de la différence ou de l'absence : ce type de comportement, marqué par

1. Voir Winnicott D. W., *De la pédiatrie à la psychanalyse*, Paris, Payot, 1969.

l'absence d'explication et d'empathie, peut être dangereux, provoquant notamment des blessures narcissiques traînées ensuite comme des valises encombrantes, et parfois très handicapantes, toute la vie.

« *Miroir, mon beau miroir : dis-moi si c'est bien moi* »

Construire son identité est un processus long et complexe. Le stade du miroir entre six et dix-huit mois [1] est une étape centrale dans ce processus. Porté dans les bras de ses parents devant le miroir, l'enfant prend peu à peu conscience :

– que l'image qui se trouve dans le miroir n'est qu'une image et non pas un être réel (premier processus de symbolisation) ;

– qu'elle n'est pas celle d'un autre, mais bien la sienne propre (deuxième processus de symbolisation) ;

– qu'il peut investir positivement cette image, parce que la personne qui le porte, le regarde avec plaisir et amour ; c'est d'ailleurs en grande partie grâce à l'image de la personne qui le porte qu'il fait le saut de « l'autre à lui » : « C'est maman en image qui porte un bébé devant le miroir (je reconnais son visage tant de fois regardé en chair et en os). Alors, ce bébé, ce doit être moi... en image ! Oui, c'est évident puisque je sens les bras de maman autour de moi, son souffle, sa voix à mon oreille, sa chaleur contre mon corps. »

Dans le cas des jumeaux, cette expérience est complexifiée par la vision réelle de l'autre, si semblable à soi, dans la vie de tous les jours, comme dans le miroir. Jeannette décrit bien sa panique et son

1. Voir Lacan J., *Écrits*, Paris, Seuil, 1966.

vécu de dépersonnalisation, quand ses parents provoquent une sorte de double miroir entre elle et sa sœur en les installant en face à face pour le repas.

Il faut sans doute retenir qu'il est important :

– d'aider les jumeaux à se reconnaître chacun, pour leur éviter de se perdre, tel Narcisse, dans le miroir de leurs interactions en boucle ;

– de ne pas rompre radicalement leurs enfermements : afin de les sécuriser, il vaut mieux décaler discrètement, mais sûrement, les paramètres de leur vie, ce qui leur permet de trouver dans les différences (autour d'eux, chez les autres, puis entre eux), davantage de plaisir que d'angoisse.

Pour cela, les jumeaux doivent sentir qu'ils peuvent revenir se ressourcer à la bulle gémellaire de temps en temps, sans que personne ne la rompe dans ces moments « vitaux ». Sans ces sas transitoirement admis, la crainte de se perdre risque fort de bloquer toute possibilité d'avancer dans le développement de soi et de renforcer encore le besoin de fusion. Un équilibre doit donc être trouvé, pas toujours facile à sentir, à vivre, surtout si l'on n'a aucune expérience de la gémellité soi-même. Parler de ce genre de préoccupation à un tiers familial, professionnel, voire à d'autres parents se posant les mêmes questions (associations, chat sur le Web, etc.) peut aider à dépasser ses craintes et à trouver ses propres réponses [1].

---

1. Deux sites d'associations sont particulièrement intéressants : www.jumeaux-et-plus.fr et www.jumeaux.com.

Différencier tout en respectant la relation privilégiée des jumeaux

Aujourd'hui, le bon sens et les études scientifiques, laissent penser que les parents de jumeaux doivent naviguer, dès la naissance des bébés, avec leur propre style de parentalité, entre les deux écueils également toxiques de la dégémellisation à tout prix et de la fusion totale. Il est important que les jumeaux conservent à certains moments une relation unique, particulière, puissent développer une communication bien à eux. Mais il est tout aussi essentiel, à d'autres moments, de les encourager à s'ouvrir au monde des autres, pour les sortir de ce risque fusionnel.

Concrètement, si en maternelle, il peut paraître positif qu'ils fréquentent la même classe, cela est beaucoup moins évident en primaire. Ils peuvent aussi peu à peu, avoir des activités extrascolaires différenciées, des invitations chez des amis à tour de rôle, etc. C'est à travers ces petits moments de la vie quotidienne, que, progressivement et symboliquement, chacun d'eux acquerra la certitude qu'il a une identité unique. Il ne faut donc pas se focaliser de manière obsessionnelle sur la ressemblance (choisir des vêtements tous identiques, jusqu'au moindre détail) ni la diaboliser de façon absolue (différencier tous les vêtements systématiquement jusqu'au moindre détail). Dans le développement de tout enfant, le « trop » est toujours l'ennemi du « bien »... Il en va de même pour les jumeaux !

Chapitre 5

« Qui es-tu, toi ? »

Pour ma sœur et pour moi, la ressemblance était un fardeau qui a pesé lourdement sur notre enfance et notre adolescence. Elle était une marque qui nous impliquait de manière indissociable. Nous étions soumises l'une et l'autre au regard de l'entourage qui prenait un malin plaisir au jeu de la confusion. La question rituelle, lorsque les gens nous abordaient, était : « Qui est qui ? » Cette question était associée presque immédiatement à une autre, adressée cette fois-ci à nos parents : « Vraies ou fausses jumelles ? »

L'indistinction

Jusqu'à huit ou neuf ans, je crois que nous nous sommes laissé faire et que nous avons même trouvé parfois un certain plaisir devant l'intérêt que nous suscitions du fait de notre impressionnante similitude physique.

Ainsi, je me souviens de séances en famille ou avec des amis où il nous était demandé de nous « mélanger ». Nous sortions de la pièce pour tourner sur nous-mêmes et revenir ensuite pour nous soumettre au verdict de l'assemblée. Nous devions alors nous promener de long en large, tels de petits mannequins, pour permettre à chacun d'émettre un avis. La preuve de notre véritable identité devait ensuite être apportée par la vérification d'une marque qui faisait foi de manière absolue : il s'agissait d'un grain de beauté que ma sœur portait à la joue droite. On lui demandait de tourner la tête pour le montrer. Combien de fois lui a-t-on dit : « Montre ta joue », pour ensuite s'esclaffer à la vue de ce signe irrécusable de notre différence. Je me souviens que je plaignais beaucoup ma sœur de devoir exhiber ainsi le fameux grain de beauté.

À l'école maternelle, nous étions des sortes de vedettes. Nous y avons été accueillies exceptionnellement, à l'âge de deux ans et demi, en raison probablement de la situation familiale et professionnelle de nos parents. Et c'est à nous qu'est revenu l'honneur de remettre le bouquet de fleurs, en signe de bienvenue, à la directrice fraîchement nommée, peu après notre admission. C'est à nous également qu'il était parfois fait appel pour représenter l'école au côté de la directrice lors de manifestations officielles dont je ne garde qu'un très vague souvenir. La gémellité nous prêtait un statut d'exception, une distinction sociale, qui se payait au prix d'une indistinction individuelle.

On nous a aussi souvent assigné un rôle de figuration à des mariages où nous étions là apparemment « pour faire joli ». Nous n'avions pas de lien particulier avec les mariés, mais peut-être, dans l'imaginaire de ces derniers, notre présence était-elle un gage de fécondité... Les photos renvoient l'image de deux fillettes aux cheveux longs, joliment habillées avec de petites robes d'organdi et des nœuds assortis dans les cheveux, en tout point semblables. Notre mission était de tenir la traîne ou le voile de la mariée et on nous reprochait souvent de trop tirer dessus, de ne pas être assez attentives, bref de ne pas répondre tout à fait aux attentes de ceux qui avaient souhaité notre présence. Après un mariage, nous avons même été raccompagnées chez nous sans avoir eu droit ne serait-ce qu'à une seule dragée. Inutile de dire que nous n'avons pas trouvé cela très gentil...

Le refus de l'indifférenciation

L'acceptation des menus plaisirs liés à la ressemblance n'a pas duré.

À l'âge de dix-onze ans, nous n'avons plus supporté d'être considérées pour notre seul aspect physique, d'être désignées collectivement, d'être constamment prises l'une pour l'autre. Nous n'avons plus accepté le regard insistant des gens dans la rue, ni d'être habillées à l'identique. Notre ressemblance nous est devenue insupportable.

Je l'ai déjà souligné, on nous désignait presque toujours en nous appelant « les jumelles » comme si nous n'avions pas chacune un prénom, comme si surtout nous n'avions pas le droit d'être prises en compte chacune en tant que personne unique. J'ai eu souvent l'impression que notre gémellité faisait fonction d'écran pour dissimuler notre identité propre aux yeux de l'entourage. Le fait d'être jumelles avait pour conséquence un déficit d'attention à l'égard de chacune de nous.

Trop fréquemment encore, dans la vie courante, on entend nommer les enfants jumeaux par la désignation collective : « les jumeaux » ou « les jumelles ». J'interviens alors avec force pour demander que ces enfants puissent bénéficier d'une appellation respectueuse de leur individualité.

J'ai souvent regretté aussi de ne pas avoir droit comme les autres membres de notre famille à une prévenance particulière le jour de la fête de ma sainte patronne. Seule la date d'anniversaire était prise en compte, avec un unique gâteau, surmonté de bougies, que ma sœur et moi devions souffler ensemble. Nos fêtes respectives auraient eu le mérite de ne pas avoir lieu le même jour. Nos frères connaissaient le privilège du petit cadeau de la fête. Pourquoi pas nous ?

Lorsque nous étions enfants, je l'ai déjà dit, notre mère prenait un grand plaisir à nous habiller, et elle le faisait avec un goût extrême comme en témoignent d'ailleurs les photos : jolies robes et petits chapeaux assortis, chaussettes blanches et chaussures vernies, tenues parfaites en tout point si ce n'est qu'elles se répétaient à l'identique.

Était-ce par volonté d'apporter la même attention à l'une et à l'autre, par souci de ne pas donner plus à l'une qu'à l'autre, qu'elle nous dotait ainsi de la même garde-robe ? Je ne le pense pas car, aussi loin que peuvent remonter mes souvenirs, le régime des soins et de l'affection était loin d'être égalitaire et, de toute évidence, je recevais plus d'attention de la part de ma mère. Peut-être faut-il voir là une fierté de parent, fierté entretenue au gré des rencontres par la curiosité et l'admiration que nous suscitions, et qui amenait ma mère à souligner la ressemblance et cultiver la gémellité.

Une anecdote souligne la volonté de non-identification dont nous faisions l'objet.

Alors que j'avais neuf ans, une voisine, amie de mes parents, qui venait d'avoir une petite fille, a souhaité que je sois la marraine de son bébé. C'était pour moi une grande joie d'être choisie pour exercer une telle fonction. Pour ma mère, toutefois, il n'était pas concevable qu'une voisine me désigne ainsi pour jouer un rôle indépendamment de ma sœur. La réponse a donc été : « Oui, à condition que les deux soient marraines. » Le curé de la paroisse a été consulté et j'ai appelé de tous mes vœux un refus de sa part. Mais il a donné son assentiment et c'est ainsi que nous avons été investies l'une et l'autre du rôle de marraine pour cette petite fille. Par la suite, ma sœur s'est progressivement désinvestie de cette fonction qui lui avait été imposée.

La lutte pour l'individualisation

L'absence de différence d'âge, renforcée par la ressemblance, a sans doute incité mes parents à aplanir toute différence, à favoriser l'égalité à tout prix, en refusant la moindre différenciation entre ma sœur et moi. À l'âge de onze-douze ans, nous avons souhaité échapper à la règle de l'habillement conforme qui nous enfermait dans notre état gémellaire. Cette revendication de singularité vestimentaire a été très mal ressentie par notre mère. A commencé alors une véritable « petite guerre » – du moins c'est ainsi que nous avons nommé cet affrontement tant le sujet était sensible pour nous. Si nous n'avions pas le choix de nos habits ni même la possibilité d'émettre des goûts différents, nous prenions l'initiative de ne pas mettre les mêmes vêtements le même jour.

Nous détournions également la difficulté en nous appropriant chacune certains vêtements que nous possédions en double. Ce n'était pas sans nous attirer de très vifs reproches de notre mère que nous qualifiions de « drames » tant ses réactions étaient vives.

Elle a réagi en nous achetant moins de vêtements, ce qui tend à prouver combien cette question était cruciale pour elle. Nous avons tenu bon malgré tout, et cela nous a amenées, entre treize et dix-sept ans, à utiliser de temps à autre nos uniformes de scouts pour aller en classe, à défaut d'autres habits. Comble de l'ironie, nos uniformes, comme leurs noms l'indiquent, étaient strictement identiques. Ils nous permettaient toutefois de sortir de la dualité vestimentaire en nous rattachant à un groupe plus large dont les règles n'étaient pas définies par la famille. Nous avions des séances de couture, avant et après chaque réunion scoute, pour découdre ou recoudre les insignes qu'il était interdit de porter en classe. Par notre insoumission, nous marquions notre volonté d'être reconnues dans notre individualité.

Pendant notre enfance, nous avons reçu également les mêmes cadeaux, quand ce n'était pas un seul cadeau pour les deux. Ainsi, nous avons eu les mêmes poupées habillées avec les mêmes habits que notre mère faisait confectionner par une voisine couturière. Des poupons que nous avions parfois nous-mêmes des difficultés à différencier... Certains ont dû être confondus et changer d'identité à plusieurs reprises. Nos deux premières poupées ont été prénommées curieusement, sur les conseils de notre mère, Jean-Claude et Jean-Pierre. Sans doute par analogie avec les prénoms de Marie-Claude, celui de ma sœur, et Marie-Pierre, celui qui aurait dû m'être attribué...

À l'âge de sept ans, j'ai été profondément déçue lors d'une fête de Noël en découvrant que les vœux que j'avais exprimés, différents de ceux de ma sœur, n'avaient pas été entendus. J'avais demandé une poussette pour ma poupée et ce sont deux gros baigneurs, en tous points semblables, qui nous attendaient au coin de la cheminée le matin de Noël. Je me souviens avoir marmonné : « C'est toujours pareil. » J'étais triste de ne pas avoir été considérée une nouvelle fois dans mon désir et triste aussi de recevoir un cadeau identique à celui de ma sœur.

Plus tard, nous avons reçu certains cadeaux en commun, comme une tente canadienne pour aller camper ou des jeux de société. Ce que nous trouvions un peu injuste, c'est que nos frères n'étaient pas soumis au même régime du lot collectif. Ils bénéficiaient toujours de cadeaux individuels, conformes en général à leurs désirs.

L'application au quotidien d'un traitement égalitaire répondait au précepte de « l'une comme l'autre et l'autre comme l'une » que se plaisait à énoncer parfois notre entourage pour justifier ce régime spécifique. Recevoir le même vêtement, le même jouet, être contrainte à faire la même chose, induisait immédiatement que le regard de l'une se porte sur l'autre pour comptabiliser, vérifier que le compte était bon. Ce régime qui nous était imposé nous amenait à réagir contre notre condition de jumelles. Trop proches, mêlées et emmêlées, nous en étions arrivées à souhaiter l'éloignement de l'autre.

Dès que nous avons abordé le cycle secondaire de nos études, nous avons pris l'habitude, pour nous rendre au collège, de partir de la maison à des heures différentes et de ne pas emprunter le même trajet, tant le regard des gens dans la rue nous était devenu insupportable. Nous tenions à ne pas être vues ensemble et à ne pas arriver ensemble à l'école.

Cette volonté d'individualisation nous était commune et n'a pas créé de ce fait de difficultés entre nous. La nécessité de la distance s'est imposée à l'une et à l'autre pour échapper aux regards trop prégnants des autres. Elle nous a éloignées aussi sans doute de manière excessive, au-delà de ce que nous aurions pu souhaiter.

Nous avons suivi tout notre cycle scolaire primaire et secondaire dans le même collège, de la maternelle jusqu'à la terminale, où ma sœur a pris une orientation scientifique qui l'a conduite à changer d'établissement. Même établissement et bien entendu même classe. Certaines institutrices, mais pas toutes malheureusement, ont eu la bonne idée de ne pas nous placer l'une à côté de l'autre, probablement pour mieux nous distinguer sans risque d'erreur, pour nous aider aussi peut-être à sortir plus facilement du mauvais pas de la confusion.

Au niveau scolaire, nous avions des aptitudes différentes. Ma sœur était plus forte en mathématiques alors que j'étais meilleure en français et en langues étrangères. Nous nous arrangions, en fonction de ces aptitudes, pour nous répartir les devoirs à la maison. L'une faisait les exercices de mathématiques tandis que l'autre se chargeait des devoirs de français et d'anglais.

Lorsque nous avons abordé la classe de cinquième, nous avons pris conscience que notre petit manège pour les devoirs du soir n'était pas très favorable à la poursuite de nos études. Par ailleurs, nous n'avons plus supporté d'être toujours considérées dans notre classe comme « les jumelles », de ne pas avoir chacune notre cercle de camarades, de ne pas jouir de plus d'autonomie. Nous avons pris alors la décision d'aller voir la directrice du collège sans en parler à qui que ce soit.

Je nous revois toutes les deux dans le couloir étroit qui menait au bureau de la directrice, tremblantes mais déterminées. Après quelques hésitations, nous avons frappé timidement à sa porte et avons attendu avec anxiété la suite des événements. Nous n'étions pas sans savoir que les élèves n'étaient pas autorisées à s'adresser directement à la directrice de l'établissement : auparavant, il fallait en avoir référé à la « surveillante générale », un personnage d'allure sévère, qui nous faisait terriblement peur.

Après un moment qui nous a semblé interminable, la directrice a fini par ouvrir la porte et nous a regardées avec surprise : « Que voulez-vous ? », a-t-elle demandé. Puis, elle nous a proposé d'entrer et nous a fait asseoir dans des fauteuils qui m'ont semblé immenses alors qu'elle-même prenait place en face de nous, derrière son bureau.

C'est ma sœur, je crois, qui a pris la parole. Notre demande était précise : nous voulions être admises dans deux classes de cinquième différentes.

Elle nous a regardées alternativement l'une après l'autre, apparemment amusée, et nous a souri. Je pense qu'elle avait une certaine tendresse pour nous. Sans doute gardait-elle le souvenir des deux petites qui lui avaient remis un bouquet de fleurs de bienvenue le jour de son arrivée dans l'établissement.

Nous savions qu'elle pouvait nous opposer certaines objections, dont celle de l'accord nécessaire de nos parents. Elle a demandé des précisions sur les raisons de notre demande, posé quelques questions à l'une et à l'autre sur sa scolarité, puis donné son accord sans réticence.

Nous sommes sorties de son bureau, éberluées par notre audace et un peu craintives : que diraient nos parents lorsqu'ils apprendraient que nous avions osé effectuer une telle démarche sans leur autorisation ? Nous redoutions tout particulièrement que la directrice, qui avait l'occasion de rencontrer notre mère dans des réunions de parents de scouts, lui parle de notre initiative.

La rencontre eut lieu effectivement. La directrice avait dû évaluer les enjeux car elle fit part seulement de l'intérêt qu'il y avait à nous affecter dans des classes différentes. De notre côté, nous n'avons jamais osé avouer ce que nous pensions être, aux yeux de nos parents, une faute grave.

Dernière anecdote qui a marqué ma mémoire : à l'âge de onze ans, j'ai été invitée ainsi que ma sœur à un bal masqué d'enfants organisé par la municipalité d'une ville voisine. La question s'est posée de savoir quelles seraient nos tenues respectives. Et, chose incroyable, notre mère nous a fait choisir sur catalogue le déguisement que nous souhaitions chacune. Pourquoi ce comportement différent à notre égard soudain ? Le fait de dissimuler nos identités représentait-il une telle exception qu'il la rendait acceptable à ses yeux ?

Nous étions ravies de pouvoir effectuer un choix personnel. Ma sœur a opté pour un habit de petite fille modèle et moi pour une tenue de Blanche-Neige que notre mère a fait confectionner par une couturière. Blanche-Neige figurait pour moi un certain idéal : celui d'une jeune fille jolie, gentille, agréable, et surtout unique en son genre.

Ce bal masqué m'a ouvert les portes d'un monde nouveau, un monde où chacun pouvait se révéler différent de ce qu'il montrait habituellement, où il était possible d'avoir une identité propre et de faire preuve d'originalité. Le monde inversé du bal masqué m'a permis de vivre une expérience authentique d'individualisation sous l'apparence faussée du déguisement. C'est donc au prix d'une subversion que j'accédais au statut « normal » de personne singulière.

De la confusion qui prévaut si souvent entre les jumeaux, certains sont tentés de tirer parti, comme un pied de nez à l'entourage qui se complaît tant à les prendre l'un pour l'autre.

Enfants, puis adolescentes, nous étions trop sages et trop honnêtes pour cela. On nous a suggéré quelquefois, sur le mode de la plaisanterie, de nous présenter l'une à la place de l'autre aux examens scolaires. Nous n'appréciions guère ce genre de discours tenus par des personnes bien intentionnées qui auraient aimé sans doute être les témoins privilégiés d'un tel scénario.

Plus tard, pourtant, alors que nous étions étudiantes, l'une à Poitiers et l'autre à Bordeaux, nous avons profité de la situation.

Inscrites sur les listes électorales de La Rochelle, notre ville d'origine, nous devions faire le déplacement pour chaque élection, ce qui représentait des frais lourds pour nos budgets respectifs. Nous avons alors institué le subterfuge suivant : l'une se déplaçait pour le premier tour des élections et votait pour les deux, l'autre venait pour le deuxième tour et votait également deux fois.

Pour celle qui devait le jour dit assurer le double vote, voici ce que nous avions imaginé. Pour le premier vote, pas de problème : elle votait sous sa véritable identité. Elle revenait ensuite, un peu plus tard pour le deuxième vote au même bureau, en ayant pris soin de changer quelques éléments vestimentaires.

Un jour, une personne du bureau de vote que je connaissais m'a demandé des précisions sur mes études ainsi que des nouvelles de ma sœur. Il m'a fallu réfléchir quelques instants pour ne pas faire de réponse révélatrice.

À une époque ultérieure, j'ai profité et abusé à nouveau de la situation. En tant que mère de famille nombreuse, ma sœur bénéficiait d'une carte de réduction SNCF à vie alors que j'avais vu cet avantage s'interrompre faute d'avoir eu un nombre suffisant d'enfants. Tout naturellement, ma sœur m'a confié sa carte de réduction, car j'étais amenée à faire de nombreux déplacements. Il se trouve que j'ai effectué un voyage en train avec une amie magistrate, alors juge d'instruction, qui a été stupéfaite de me voir présenter la carte de réduction de ma sœur lors du contrôle. « Je ne te connais plus », m'a-t-elle déclaré, profondément scandalisée. Elle m'a fait prendre conscience de la malhonnêteté de mon comportement et je n'ai pas renouvelé l'expérience. La confusion ayant été mon lot habituel depuis toujours, il m'avait semblé normal, pour une fois, de faire jouer la ressemblance à mon avantage. Qui d'ailleurs aurait pu déceler la supercherie à partir de la photo ?

Je n'ai jamais été très fière de ces tours de passe-passe. Surtout, j'étais consciente qu'ils allaient à l'encontre de ma farouche volonté de me démarquer de ma sœur.

Confusion et dé-fusion

Jeannette et sa sœur ont un parcours marqué par la volonté farouche de leurs parents, particulièrement de leur mère, de les homogénéiser, sans doute pour mieux accepter le « trop » de leur naissance : vêtements identiques, cadeaux toujours similaires puis communs, anniversaires totalement indifférenciés, fêtes non souhaitées, etc. La phrase clé – « l'une comme l'autre et l'autre comme l'une » – répétée en toute occasion, préside à l'inquiétante étrangeté vécue par les deux filles. Le fonctionnement familial va très loin, puisque, après l'induction régulière de « doubles miroirs » expérimentaux quand leurs parents les placent volontairement en face à face, suivie de ruptures intempestives et traumatiques, on assiste à une véritable désubjectivation des deux fillettes, qui ne peuvent construire leur place de sujet et deviennent des sortes de pions répondant non pas à leurs propres besoins ou désirs, mais à ceux de leur entourage. Cette désubjectivation est parfois poussée à l'extrême quand elles doivent défiler comme des animaux de foire pour jouer à « qui est qui ? », ou qu'elles sont utilisées comme « faire-valoir » dans les mariages... Il est clair que toutes les tentatives de re-subjectivation de Jeannette et de sa sœur sont très mal vécues par leurs parents qui semblent avoir retrouvé un équilibre, après le « cataclysme » de la naissance double, dans ces jeux pervers préservant leur maîtrise et leur restituant un regard envieux des autres.

On peut noter de façon plus générale que si, face au duo des jumeaux, le couple parental n'est pas suffisamment solide et satisfaisant pour partager les doutes, décentrer les questions, relativiser les problèmes, et permettre à chacun des partenaires de se sentir femme ou homme dans une vie où sensualité et tendresse s'entremêlent de façon satisfaisante, le risque est évidemment bien plus important d'asseoir son identité sur l'unique fonction de « parent de jumeaux ». Le besoin de confusion des bébés est alors psychiquement vital et accentue les mécanismes fusionnels existant entre eux : si aucun tiers ne vient permettre aux enfants de trouver ailleurs que dans ce moule valorisé par les parents, de l'intérêt à vivre, le cercle vicieux, la spirale sans fin, peuvent rapidement s'enclencher.

Dans le récit de Jeannette, après toute une période où les jumelles se satisfont de la première place que leur confère leur absolue similarité dans les fêtes familiales comme à l'école, à partir de leur prépuberté, elles refusent activement le rôle de doublon qui leur est imparti, ce qui ne les empêche en aucun cas d'exploiter quand cela les arrange leur ressemblance (vote, carte SNCF !). En choisissant des costumes différents pour le bal masqué, Jeannette et sa sœur amorcent un mouvement de révolte, qui se voit exceptionnellement cautionné par leur mère. Il est vrai que celui-ci, ne concernant que les « enveloppes » (les vêtements), au cours d'un événement ludique « extra-ordinaire » (en dehors de la vraie vie et du quotidien), ne remet pas en cause, pour elle, l'essentiel. Il est pourtant émouvant de constater que dans ces premiers choix identitaires, les caractères déjà trempés des jumelles s'expriment : petite fille modèle pour l'une, finalement assez conforme au « moule » parental ; Blanche-Neige pour l'autre, personnage courageux, bravant sa belle-mère (qui mourra de dépit et de rage), séduisant le chasseur qui doit la faire disparaître, rencontrant à la fin de l'histoire son Prince Charmant avec qui elle filera le parfait amour. Ces différences fondamentales se confirmeront dans les choix scolaires, puis, pas à pas, dans de nombreux domaines de la vie des deux sœurs (professionnels, relationnels, etc.).

Mais, comment expliquer que, soumises dès leur naissance à un travail de confusion de tous les instants, Jeannette et sa sœur aient pu, au moment où elles ont eu le sentiment qu'elles allaient devenir des femmes, trouver une sorte de premier compromis, qu'elles ont obligé les adultes à accepter ? Le psychanalyste Wilfred Bion [1] dirait que la partie « saine » de leur personnalité s'est affirmée. Boris Cyrulnik, le célèbre éthologue et neuropsychiatre, parlerait, lui, de « résilience préservée [2] », ce mécanisme qui permet à l'être humain de se préserver au mieux malgré un vécu de situations difficiles. Nous ne sommes pas tous aussi résilients ; notre capacité à l'être dépend de facteurs divers : environnement précoce, solidité de notre estime de nous-mêmes, facteurs plus génétiques, etc. Pour ma part, je suis prête à parier que la sensibilité particulière de Jeannette à l'injustice s'est étayée sur un « quelque chose » ou un « quelqu'un », présent en négatif dans son récit.

D'abord, en anticipant, provoquant et accentuant à l'extrême les mécanismes fusionnels présents chez les jumelles, leurs parents les poussent rapidement à se détester, au point de vouloir s'entretuer. De ce fait, la fusion n'est plus confortable pour elles, ni même seulement étrange : elle devient véritablement terrifiante, porteuse de risque de mort ou de meurtre. Alors, tel Ulysse demandant à ce qu'on bouche les oreilles de ses compagnons pour qu'ils ne se laissent pas attirer par le chant des sirènes, Jeannette et sa sœur, à l'aube de leur puberté, sentent vraisemblablement que leur salut de

1. Bion W. R., *Éléments de psychanalyse*, Paris, PUF, 1979.
2. Cyrulnik B., Seron C., *La Résilience ou comment renaître de sa souffrance ?*, Paris, Fabert, « Penser le monde et l'enfant », 2003.

vie passera par la différenciation. Il me semble que les vœux de mort primordiaux et inconscients qui leur ont été adressés de façon subliminale par des parents totalement désemparés et épuisés, ne sont pas étrangers à cette prise de conscience claire.

Peut-être d'ailleurs que la lucidité surprenante de Jeannette concernant les comportements de ses parents, vient des défenses qu'elle a dû précocement mettre en place pour se protéger des vœux en question touchant le couple gémellaire entier ou un seul des bébés (plutôt sa sœur, d'après les préférences affichées par la mère). Ce type de projections est potentiellement très destructeur, car les bébés jumeaux, mal différenciés, les vivent comme interchangeables. Ballottés entre la crainte d'être tués et le sentiment de toute-puissance de pouvoir détruire l'autre, il peut être plus simple pour eux de s'organiser à l'identique : penser que les parents ne pourront pas distinguer « qui est qui » (donc qui est à tuer et qui est à garder) rassure ; provoquer un regard envieux de l'extérieur sur leur duo étrange peut aussi permettre d'évacuer les projections négatives des parents, un temps gratifiés, et donc gratifiants.

Bien évidemment, il est question ici de mouvements psychiques très inconscients de la part des parents qui sont en difficulté et se protègent comme ils peuvent de l'épuisement et/ou de la dépression. Il n'est pas question de raisonner en termes de « faute » ou de volonté de nuire ! En revanche, il paraît aujourd'hui essentiel d'aider, en amont même de la naissance, les couples que l'on sent en souffrance ou en difficulté (soutien psychologique, accompagnement plus proche après la naissance avec possibilité de passage régulier d'une puéricultrice à la maison, etc.).

Chapitre 6

Comparaisons, préférences et rivalités

Parce que nous nous ressemblions tant, ma sœur et moi, la tentation était grande pour notre entourage de nous comparer et de mettre nos faits et gestes en équation. Contrairement à ce que vivaient nos frères dont on n'attendait pas qu'ils soient réductibles l'un à l'autre, nous étions en permanence observées, cataloguées, soupesées au niveau de nos différences physiques ou morales. Ces comparaisons toujours possibles finissaient par induire tensions et rivalités entre nous.

Le jeu des comparaisons

De l'indistinction à la comparaison, il n'y a qu'un pas.

À cause du caractère à la fois intrigant et fascinant de nos similitudes physiques, notre entourage n'a eu de cesse de vouloir décoder ce mystère apparent en s'exerçant à déceler et à nommer nos ressemblances ou nos différences. Comme si le mythe de la ressemblance parfaite amenait à faire payer l'imperfection par un véritable acharnement dans la comparaison…

Nous avons toujours été mal à l'aise, ma sœur et moi, d'être comparées en permanence, mises en équation parce que jumelles. C'est ainsi que nous entendions dire que l'une était plus jolie que l'autre, plus douce, plus souriante, plus agréable… ce qui voulait immanquablement signifier, même si ce n'était pas énoncé, que l'autre était moins jolie, moins douce, moins souriante, moins agréable…

Au-delà de l'aspect physique, le jeu des comparaisons s'exerçait aussi au niveau des aptitudes, des qualités morales ou des défauts de l'une ou l'autre. L'une était considérée comme plus vive d'esprit, plus intelligente, plus gentille, plus serviable, quand ce n'était pas tout aussi menteuse ou désordonnée que l'autre.

Comme si cela ne suffisait pas, nous étions également comparées à nos deux frères. On évoquait le fait que l'un ou l'autre avait marché ou parlé très tôt alors que « les jumelles » avaient eu un développement plus tardif, avec des écarts minimes entre elles, de quelques semaines, au niveau des acquisitions. Ce qui était sous-entendu, nous semblait-il, c'était que « les jumelles » n'avaient pas le même degré d'intelligence que les garçons et plus précisément que l'un d'entre eux désigné comme le petit génie de la famille. Mes deux frères, pour justifier leur manque d'investissement scolaire, étaient présentés comme « très intelligents, mais paresseux », alors que ma sœur et moi, qui avions des résultats plutôt satisfaisants, étions désignées comme « travailleuses et consciencieuses ».

J'ai ressenti longtemps le poids du préjugé de l'infériorité intellectuelle des jumeaux. Il existe bien sûr l'idée populaire assez loufoque que les jumeaux partagent le même cerveau. Pèsent surtout dans la balance les résultats de différentes études considérées comme « sérieuses ». Ainsi, le psychologue René Zazzo[1], dans son ouvrage *Les Jumeaux, le couple et la personne*, a intitulé un de ses chapitres « Le problème de l'infériorité intellectuelle chez les jumeaux ». Selon lui, il existerait une différence de quotient intellectuel entre jumeaux et non-jumeaux dans les premières années de la vie, qui aurait pour cause principale le retard de langage observé chez les jumeaux. Ceux-ci ne développeraient pas les mêmes aptitudes que les autres enfants. Il conclut

1. Zazzo R., *Les Jumeaux, le couple et la personne*, Paris, PUF, « Quadrige », 1960.

toutefois que cette infériorité n'est pas absolue et a tendance à s'atténuer au cours de la douzième année. Pour Fabrice Bak [1], lui aussi psychologue, le retard observé correspond à une étape supplémentaire de développement chez les jumeaux entre la naissance et l'âge de deux ans, qu'il nomme « étape de l'entité gémellaire ». Ce retard tendrait par la suite à se combler tout à fait naturellement. De quoi donc rassurer les jumeaux !

La comparaison était omniprésente et concernait tous les aspects de notre vie. Très souvent, nous étions mises en cause pour des actes commis par l'autre : les sanctions tombaient sur les deux, sans distinction ni discernement.

Nous aurions aimé être reconnues individuellement, pour telle qualité ou tel défaut, sans être obligatoirement comparées ou assimilées globalement l'une à l'autre. Nous avions ainsi l'impression d'être toujours en plus ou en moins, parfois à égalité, mais de ne jamais bénéficier d'une caractéristique propre. Loin de nous distinguer en mettant en avant les aptitudes qui auraient pu nous valoriser personnellement, nous faisions l'objet d'une épreuve comparative qui ne pouvait que nous blesser ou parfois entraîner un sentiment d'infériorité chez l'une ou l'autre.

1. Fabrice Bak, psychologue, membre du conseil scientifique de la gémellité de l'association Jumeaux et plus.

IDENTIFIER, COMPARER ET HIÉRARCHISER

Les jumeaux sont souvent comparés, ce qui est loin d'être forcément négatif, si l'on n'instaure pas une hiérarchie entre eux. En effet, beaucoup de parents cherchent, à travers des particularités autres que physiques, à mieux reconnaître l'identité de chacun de leur bébé, pour lui proposer des interactions « à la carte », et non un « magma » interactionnel indifférencié. Quand la ressemblance physique est absolue ou presque, le couple, angoissé, observe ses bébés de façon sans doute bien plus attentive et précise que dans une fratrie habituelle, tout simplement parce que la découverte du moindre signe distinctif rassure le père et la mère sur leur capacité de discrimination, donc de parentalité. Car le parent est celui qui reconnaît (rappelons-nous du jugement de Salomon !) et distingue entre tous son enfant. Ce travail primaire de différenciation, souvent plus contraignant que l'installation dans l'indistinction, mais aussi nettement plus confortable, n'est pas dans ces cas suivi d'une véritable comparaison. « Pierre est plus calme que Jean (comparaison), mais cela n'a aucune importance : il ressemble en cela à sa mère alors que Jean ressemble plus à son père. » La comparaison vient du fait que la pensée humaine se réfère souvent aux contrastes par couple pour formuler les différences ; mais ici, les parents ne font qu'énoncer une constatation, sans introduire de jugement de valeur.

Dans le cas de Jeannette et de sa sœur, la comparaison pervertit le lien car elle introduit toujours une notion de préférence, une idée de dominance, un jugement fondamental sur l'être décrit. On a l'impression que le travail de différenciation, qui humanise habituellement les bébés, est souvent mis en échec, peut-être parce que trop difficile pour des parents non préparés à la gémellité, ceux-ci favorisant les ressemblances au lieu de les contourner. La mise en lumière des différences de caractère, des capacités de penser, d'apprendre, conduisent à réaffirmer qu'un seul bébé, le meilleur, aurait suffi ; ou même que les autres enfants aînés de la fratrie auraient largement suffi à tout le monde, puisqu'ils sont présentés comme « plus tout » que les jumelles. Évidemment, de tels propos ne peuvent qu'accentuer les blessures narcissiques de ces dernières, exacerbant les rivalités fraternelles, d'abord entre elles (ce qui renforce leurs craintes de mort et de meurtre), puis vis-à-vis des autres membres de la famille (les poussant à se refermer sur leur « bulle » gémellaire pour se protéger).

Les préférences

J'étais la deuxième jumelle, celle que l'on n'attendait pas... Pourtant, je n'ai pas été la plus mal acceptée.

Ensemble, ma sœur et moi, avons eu le sentiment de ne pas être arrivées au bon moment, d'avoir eu le tort d'être nées à deux.

Nous n'étions ni l'une ni l'autre les « préférées » au sein de notre famille. Mais, dès notre plus jeune âge, il était évident aux yeux de tous, que l'une des deux était mieux considérée et bénéficiait de certains privilèges. Ma mère était relativement plus tendre, plus attentionnée à mon égard.

Ainsi, alors que nous avions quatre ou cinq ans, je me souviens qu'elle me prenait à part pour me donner des gâteaux avec la recommandation expresse de « ne rien dire à ta sœur ». Cela me troublait beaucoup et je m'empressais aussitôt d'aller partager mon butin, ce qui n'était pas sans entraîner certains ressentiments, ô combien justifiés, de cette dernière, ainsi que des reproches de ma mère lorsqu'elle s'en apercevait.

Cette histoire de gâteaux est très symbolique : ma sœur était souvent mise en cause pour une raison ou pour une autre et, lorsque j'essayais de la défendre, je me faisais rabrouer et reprocher de prendre son parti.

L'attitude de notre mère amenait inévitablement ma sœur à adopter un comportement agressif à son égard, ce qui n'était pas pour améliorer les choses. Celle-ci m'en voulait, et à juste titre, de mon statut relativement privilégié, et j'étais moi-même très malheureuse de cette situation. Cette préférence manifeste nous enfermait dans un cercle vicieux sur le plan relationnel.

J'ai vécu le comportement de ma mère vis-à-vis de ma sœur comme profondément injuste et je n'en ai jamais compris les raisons. J'ai toujours essayé, sans doute bien maladroitement, de protéger ma sœur et ceci jusqu'à son mariage qui m'a libérée de cette responsabilité à son égard. Il m'est arrivé de la mettre en garde, de lui conseiller telle ou telle attitude pour lui éviter des réflexions désagréables. *A posteriori*, je me suis demandé si ma vocation d'assistante sociale n'avait pas pris racine justement là, pendant mon enfance et mon adolescence, dans cette injustice dont j'ai été le témoin, et qui m'a amenée à vouloir protéger ma sœur à tout prix.

Dans le livre qu'il consacre aux relations fraternelles, le professeur Marcel Rufo [1] indique que, dans toutes les familles, il y a un préféré, qu'il soit celui de la mère, du père ou des deux : « Je sais qu'en affirmant cela, je choque de nombreux parents qui se veulent équitables en tout, et particulièrement en amour. Et pourtant je persiste et signe. Il y a toujours un "chouchou" parmi les frères et sœurs. »

Parmi les raisons qu'il cite concernant ce jeu des préférences, il fait mention des traits physiques que le parent identifie avec d'autant plus de bonheur qu'il est fier de posséder les mêmes. Étant donné la ressemblance physique que j'avais avec ma sœur, cette raison, de toute évidence, ne tient pas. À la naissance, comme je l'ai déjà indiqué, j'étais peu vigoureuse et cette fragilité a dû réclamer plus de soins. L'inquiétude, les craintes éprouvées, ont-elles alors renforcé l'attachement parental ?

Par la suite, j'ai fait l'objet d'un suivi médical attentif du fait d'une affection congénitale sans grande gravité. Celle-ci toutefois m'interdisait certains exercices physiques et obligeait mon entourage à une surveillance de tous les instants en raison des risques liés à l'attente d'une intervention chirurgicale. Les périodes d'hospitalisation qui ont suivi, alors que j'avais sept ans et dix ans, ont été vécues avec envie par ma sœur. « C'est toujours toi qui es malade », m'a-t-elle souvent déclaré, ce qui

1. Rufo M., *Frères et sœurs, une maladie d'amour*, Paris, Fayard, 2002.

signifiait : « C'est toujours toi qui as droit à plus d'attention du fait de la maladie. » Est-ce une explication suffisante ?

Marcel Rufo indique que dans les familles de jumeaux, les attirances et les préférences d'un parent pour l'un des enfants sont bénéfiques puisqu'elles renforcent leur différenciation. Il précise également : « C'est lorsque le père ou la mère ont le même chouchou ou la même tête de Turc que la situation est la plus ennuyeuse et la plus intolérable dans une fratrie. Mais, heureusement, les attachements parent-enfant reposant sur des bases propres à chacun, ce cas de figure est extrêmement rare et la majorité des enfants est préservée de ce désastre. »

Pour ma sœur, ce fut, je pense, une situation proche du « désastre », qu'elle a su fort heureusement dépasser dans le temps. Ses capacités en mathématiques lui ont donné l'occasion d'être remarquée et valorisée au sein du milieu scolaire. Elle a pu s'affirmer par de brillantes études et prendre le recul et la distance nécessaires par rapport à la dévalorisation dont elle faisait l'objet dans le milieu familial.

LA DEUXIÈME... CELLE QU'ON N'ATTENDAIT PAS

Jeannette nous donne ici sûrement une autre clé de son histoire personnelle : elle est née deuxième, plus chétive et donc, davantage en danger à plus d'un titre ! Le désespoir maternel et paternel d'avoir deux bébés vient d'abord d'elle ! L'agressivité qui en découle, s'organise dans un fantasme de mort plus ou moins conscient, mais invivable car trop culpabilisant ou honteux (« Ah, si elle n'était pas née... »).

Ce fantasme semble s'inscrire immédiatement dans la réalité puisque ce bébé est menacé, plus petit, malade, porteur d'une affection réactivant sans doute la culpabilité parentale. Dès lors, la position la moins douloureuse des parents, et surtout, semble-t-il, de la mère, reste celle du contre-investissement de l'agressivité. Ce processus qui retourne en son contraire le négatif, soulage et dédouane tout le monde : ce deuxième bébé de trop est finalement celui qui sera le plus protégé, le plus investi, au moins dans certains domaines.

Bien entendu, Jeannette retire des bénéfices secondaires de ce traitement particulier... Mais la fusion et le processus de dédifférenciation des jumelles (comportements par lesquels on cherche à effacer les différences existantes entre deux personnes), seules techniques qui permettent la gratification parentale par le regard des autres, sont aussi quotidiennement à l'œuvre et rendent Jeannette tout aussi vulnérable que sa sœur. Sans doute a-t-elle plus de ressource que cette dernière, riche d'un peu plus d'affection de ses parents, pour se battre contre l'injustice foncière qu'elle constate, dont elle profite à certains moments, mais dont elle semble avoir très jeune la certitude qu'elle peut aussi se retourner à tout moment contre elle (puisque, souvent, les parents confondent les bébés...). Alors, bien évidemment, dans un tel contexte le choix de son métier est loin d'être anodin !

Les rivalités

Les regards inquisiteurs, les comparaisons, les situations d'amalgame et d'indifférenciation, ont créé, parfois, des situations relationnelles complexes entre ma sœur et moi. Celles-ci ont été à l'origine de rivalités plus ou moins apparentes, qui contribuaient à alimenter la curiosité et les commentaires de notre entourage. Les moindres faits et gestes, les moindres différences étaient observées, soulignées, comptabilisées, instaurant en fin de compte une hiérarchie, comme si l'esprit de compétition devait jouer obligatoirement entre nous. Les disputes étaient faites souvent de petites choses du quotidien, occasionnées par notre proximité de tous les instants.

Jusqu'à l'âge de quatre ans, nous avons eu droit chacune à un lit, mais par la suite, nous avons dû « cohabiter », ce qui n'a pas été sans difficultés : problème de la place revendiquée par chacune, celui des draps ou des couvertures que l'on tire à son avantage, celui de la lumière que l'on souhaite allumée ou éteinte, autant de causes de chamailleries ou de disputes. Pour dormir, nous avions choisi spontanément de nous tourner le dos, laissant une zone neutre entre nous, afin de déterminer clairement les limites de nos territoires respectifs.

À quatorze ans, nous avons hérité des lits de nos frères, deux lits jumeaux installés parallèlement dans la chambre, de chaque côté de la porte. Cette situation a représenté pour nous une amélioration notable sans être pour autant vraiment satisfaisante. Nous devions continuer à vivre une grande partie de notre temps dans la même pièce « avec l'autre », à partager le même espace sans avoir la possibilité de nous isoler un court instant.

Nous devions également faire nos devoirs scolaires à des bureaux identiques, situés l'un en face de l'autre au milieu de la pièce. Il nous arrivait de nous concerter et de nous aider mutuellement en cas de besoin, ma sœur pour les mathématiques, et moi pour le français, l'anglais et plus tard, en classe de terminale, pour la philosophie. Cette situation était commode pour nous deux. De temps à autre toutefois, les échanges nous opposaient lorsque l'une de nous n'était pas disposée à répondre dans l'instant aux sollicitations que l'autre lui adressait.

J'ai eu l'impression parfois d'énerver ma sœur par mes demandes fréquentes en mathématiques. Je pense l'avoir aussi un peu agacée par mon comportement d'une sensibilité sans doute excessive, qualifiée par l'entourage de « sensiblerie ».

« Tu n'es pas finie, tu ressembles à Gnafron », m'a-t-elle lancé un jour, sur le ton de la plaisanterie.

Gnafron est le nom d'un personnage insignifiant et assez disgracieux du Théâtre de Guignol que nous avions eu l'occasion de voir. J'ai eu en effet pendant une période de mon enfance un visage légèrement boursouflé à la suite d'un problème de santé. Cette disgrâce pouvait occasionner la dérision et expliquait la comparaison au personnage de Gnafron. C'était pour ma sœur une raillerie anodine, dépourvue de méchanceté. Toutefois, ce qualificatif est resté gravé dans ma mémoire comme un deuxième prénom accolé à celui de Jeannette.

Ces querelles d'enfant ne nous empêchaient pas d'être proches l'une de l'autre et de partager la même analyse de notre situation. Et, si elle était peu confortable, elle n'avait rien à voir avec les rapports de dominant-dominé dont il est si souvent question à propos des jumeaux : comme s'ils formaient un couple doté d'une vie propre, la personnalité de chacun aurait tendance à se définir par rapport à celle de l'autre.

Selon des études psychologiques, il semblerait que le jumeau dominant soit le plus souvent celui qui est né le premier ou celui qui pesait le plus lourd à la naissance. Mieux encore, selon une étude de 1993 menée par l'équipe d'Alexandra Piontelli de l'Université de Milan : « La dominance d'un jumeau pourrait être présente dès l'utérus. »

Étant la cadette, pesant et mesurant un peu moins que ma sœur à la naissance, j'aurais pu être considérée comme la dominée. Vue de l'extérieur, cette thèse se serait trouvée facilement accréditée. J'étais en effet moins expansive, plus réservée que ma sœur.

Mais pourquoi attribuer cette classification aux jumeaux alors qu'elle n'est pas utilisée pour définir les rapports entre frères et sœurs d'âges différents ? N'est-elle pas une vision de l'esprit des non-jumeaux ? Personnellement, je n'ai jamais eu l'impression d'être la dominante ou la dominée.

Nous avons l'une et l'autre été gênées dans notre développement non pas par l'autre mais par le regard des autres. Nous avons trouvé ensemble, je crois, un *modus vivendi* relevant plutôt de la complémentarité. Toutes les personnes appelées à vivre proches les unes des autres, qu'elles soient ou non jumelles, ne devraient pas être stigmatisées ainsi et enfermées dans un rapport hiérarchique de dominant/dominé.

Aux termes péjoratifs de « dominant-dominé », mieux vaudrait préférer ceux de « fonctions différentes », conceptualisés par Helmut von Bracken, pédagogue allemand des années 1930. Celui-ci avait remarqué que chaque jumeau remplissait des rôles différents dans leurs rapports aux autres. Il désignait le jumeau le plus extraverti comme le « ministre de l'extérieur » et celui qui fixait les règles entre eux comme le « ministre de l'intérieur ».

Les notions de « fonctions différentes », et de complémentarité s'accommodent mal toutefois de certains faits objectifs qui induisent une notion de valeurs. Il en est ainsi des résultats scolaires qui se traduisent par de bonnes ou de mauvaises notes, par un changement ou un redoublement de classes. La notion de dominance entre les jumeaux reprend alors tous ses droits, entraînant parfois des réactions surprenantes et inappropriées de l'entourage susceptibles d'accroître ou de faire naître des ressentiments entre les jumeaux.

C'est ainsi qu'à la fin de la classe de troisième au collège, ma sœur a été autorisée à passer en seconde, alors que j'étais tenue à redoubler mon année. On s'en souvient, nous étions déjà depuis la cinquième dans des classes différentes et une différenciation supplémentaire ne nous aurait pas gênées. C'était sans compter avec la réaction de notre mère pour laquelle il était inconcevable que nous ne soyons pas au même niveau scolaire. Malgré nos supplications et l'intervention de la directrice, ma sœur a été contrainte à redoubler sa classe de troisième. Elle en garde un souvenir amer et encore aujourd'hui lorsqu'elle en parle, je crois percevoir chez elle un peu de rancœur à mon égard.

COHABITER... EN S'HABITANT SOI-MÊME

Vivre sans pouvoir installer sa propre temporalité, dans son propre espace, est sans doute l'un des pires traitements qu'on peut imposer aux jumeaux. Jeannette et sa sœur ont lutté des années, avec courage et force, pour conquérir leur individualité, évitant de se toucher dans le lit commun (reprenaient-elles la place qu'elles avaient *in utero* ?), refusant de se perdre dans le miroir de leurs bureaux identiques, pour continuer d'avoir le sentiment d'exister à part entière, alors qu'on forçait l'une à redoubler « pour » rester au même niveau que l'autre.

La sœur de Jeannette garde un peu de rancœur, nous dit-elle, à son égard. C'est sans aucun doute le moindre mal : ce type de fonctionnement parental peut être, malheureusement, beaucoup plus destructeur ! Il peut amputer, châtrer, appauvrir de façon catastrophique les processus de penser, les émotions, attiser la haine, détruire l'estime de soi, dépersonnaliser, chosifier l'individu, provoquer un sentiment définitif de dette pour l'un, de nécessité de réparation pour l'autre, favorisant des conduites déviantes (délinquance, conduites hétéroagressives) ou une organisation fondamentalement dépressive, voire mélancolique. Le même type de psychopathologie peut exister chez le jumeau considéré comme « dominé » par l'autre, que celui-ci soit le « préféré » ou non.

DOMINANT, DOMINÉ : DE LA THÉORIE À LA PRATIQUE

Les théories psychologiques ne prenant pas en compte l'individuel me semblent toujours suspectes et caricaturales quand elles sont trop affirmatives ! Aucune statistique ne peut véritablement être fiable dans des domaines aussi complexes que ceux traités dans ce livre : les positions de « dominant » et de « dominé », par exemple, Jeannette le montre bien, ne peuvent être mises en parallèle avec une ou deux variables simples, qu'il s'agisse du rang de naissance ou de la force physique du bébé. Elles dépendent bien plutôt de variables multiples concernant : les bébés réels et fantasmés ; chacun des parents, leurs identifications en lien étroit avec leur histoire personnelle et les croisements de celle-ci dans leur couple ; la position des grands-parents et de la famille en général.

Toute simplification peut donc rapidement devenir grotesque et provoquer des catastrophes supplémentaires quand on s'y réfère pour proposer de l'aide ! L'être humain reste une entité indivisible, bien loin de l'aspect segmentable des disques durs d'ordinateur : comme l'écrit Einstein, pour enseigner « il faut simplifier le plus possible, mais pas plus que possible ». Restons donc humains dans l'appréhension des difficultés rencontrées avec les jumeaux, sans fermer trop notre angle de vue, sans trop raccourcir la portée de notre regard.

Chapitre 7

Comment être soi

Longtemps, j'ai cru que j'étais une jumelle hétérozygote et il est vraisemblable que cette information erronée m'a plutôt aidée dans la construction de mon identité.

Savoir qu'on est issu, à l'origine, de la scission d'un œuf et que l'on est de ce fait la moitié d'une unité partagée, voilà qui n'est pas de nature à vous aider à construire une image singulière de vous-même. Avoir le même patrimoine génétique m'apparaissait alors comme une anomalie insurmontable, un déterminisme lourd à assumer. Heureusement, j'ignorais que je me trouvais dans cette situation.

La révélation est intervenue au bon moment alors que ma sœur et moi étions déjà adultes, bien ancrées l'une et l'autre dans nos vies respectives. Et, pendant l'enfance et l'adolescence, nous n'avons pas eu à lutter contre les préjugés attachés au statut des vrais jumeaux. Difficile d'échapper en effet aux idées reçues, nées du bon sens populaire, qui considèrent les jumeaux monozygotes comme parfaitement identiques et assimilables à des clones.

Les jumeaux sont-ils des clones ?

Au sens scientifique, le clonage est l'obtention d'un être vivant génétiquement identique à l'original qui lui donne naissance. Il s'oppose donc à la reproduction qui nécessite deux parents.

Le cas des vrais jumeaux (dits monozygotes) qui peut être techniquement apparenté au clone, ne peut être considéré comme un exemple de clonage humain, au sens où le principe de reproduction sexuée entre deux parents est assuré naturellement, sans intervention technologique.

Étant identifiées comme des jumelles hétérozygotes, nous n'étions censées partager que les similitudes que l'on peut rencontrer entre n'importe quels frères et sœurs. Notre patrimoine génétique n'avait pas à être mis dans la balance de la confusion. La similarité physique suffisait.

La ressemblance a été notre principale pierre d'achoppement. Comment être soi lorsqu'on a un autre semblable à soi, trait pour trait, à ses côtés ?

On sait que l'estime de soi passe en priorité par la reconnaissance de sa propre image. Or cette représentation était brouillée par l'existence d'un double ayant l'apparence de soi, pas tout à fait identique mais dont les différences étaient peu discernables pour autrui.

Semblables malgré nous

Dans notre enfance, ma sœur et moi utilisions plus facilement le « on » ou le « nous » lorsque nous nous exprimions, plutôt que le « je », tant l'image qui nous était renvoyée nous prenait en compte globalement sans distinction.

Ce « on » et ce « nous » n'étaient pas seulement une manière de nous exprimer. Ils correspondaient aussi à la confusion dans laquelle nous étions l'une envers l'autre. C'est ainsi que, jusqu'à l'âge de quatre-cinq ans, nous répondions collectivement aux demandes ou injonctions qui nous étaient faites à chacune. Si nos parents grondaient l'une de nous, l'autre se mettait aussitôt à pleurer. Lorsque l'une était punie et devait aller au coin, l'autre suivait automatiquement pour rejoindre « son » coin, chacune d'un côté de l'imposante armoire Louis XIII qui trônait dans la salle de séjour de mes parents.

Nos prénoms d'ailleurs étaient le plus souvent accolés lorsqu'on s'adressait à nous, sans même un petit « et » qui aurait fait toute la différence. Nous étions ainsi désignées, toujours dans le même ordre : « Marie-Claude-Jeannette. »

Je tenais pourtant à ce prénom, qui m'avait été octroyé si bizarrement et qui était pour moi un signe important d'identification. Je me souviens qu'à sept ou huit ans, lorsque je refusais de manger un plat, on me punissait en m'envoyant dans un cabanon situé au fond de la cour pour y terminer mon assiette. Face le plus souvent à ma portion de tête de veau, plat que j'exécrais, je maugréais intérieurement : « D'abord, ils n'ont rien à dire, ils n'ont même pas choisi mon prénom. » Cette revendication d'indépendance, bien sûr, je ne l'ai jamais exprimée à haute voix. C'était comme une arme secrète.

La sympathie entre ma sœur et moi était spontanée et immédiate. L'épisode suivant est resté gravé dans ma mémoire tant il m'avait profondément perturbée. Je n'avais pourtant que quatre ans.

À l'école maternelle, ma sœur s'est retrouvée avec un doigt coincé dans un trou de son bureau. Il s'agissait d'un petit bureau en bois et elle avait introduit malencontreusement l'index de sa main droite dans une petite cavité du couvercle correspondant sans doute à un ancien nœud du bois. Son doigt avait gonflé et elle n'arrivait plus à le retirer.

C'est moi qui ai donné l'alerte par mes pleurs et mes cris, provoquant un vent de panique parmi les enfants de la classe qui se sont mis à leur tour à pleurer bruyamment. Le concierge du collège a été appelé pour tenter de résoudre le problème ainsi que la directrice et les institutrices des classes voisines. Les différentes tentatives avec savon et produits divers sont restées vaines et il a fallu envisager de scier la table. Je garde en mémoire la vision terrible de la scie s'approchant du doigt de ma sœur et de son index tout gonflé lorsqu'il a été enfin libéré. Ma sœur a conservé elle aussi un souvenir très vif de cet événement et de la peur qu'elle avait éprouvée. Il arrivait ainsi que s'entremêlent étroitement nos tristesses, nos peurs ou nos bonheurs respectifs.

Enfants, il nous arrivait souvent de penser la même chose au même moment et de répondre ensemble, avec les mêmes mots, aux questions qui nous étaient posées. Nous en étions arrivées à nous méfier de nos propres paroles par peur de reprendre les mêmes termes.

Ce qui nous troublait également, c'est que nous faisions les mêmes fautes d'orthographe et parfois les mêmes ratures. Il nous est arrivé plusieurs fois d'être injustement accusées d'avoir copié l'une sur l'autre lors des dictées à l'école ou à la maison. Devant nos protestations, nous étions soumises à des tests, chacune à l'extrémité d'une table ou dans deux coins différents de la pièce. Ces épreuves finissaient en général par prouver notre bonne foi.

Plus tard, lorsque nous sommes parties poursuivre nos études, ma sœur à Poitiers et moi à Bordeaux, il nous est arrivé d'acheter au même moment la même paire de chaussures, le même vêtement et, quelques années plus tard, la même voiture.

La similitude des écritures était également assez curieuse et frappante, au point de m'embarrasser personnellement. Pour me démarquer de ma sœur en classe de sixième, je me suis efforcée d'en modifier les caractères en m'exerçant à écrire en script. En cachette, j'effectuais des pages de lettres et de mots pour parfaire mon apprentissage. J'ai acquis ainsi une écriture singulière, un peu curieuse peut-être, que j'ai conservée par la suite.

Notre entourage a eu tendance à majorer les faits en affirmant que nous avions un don particulier de communication voire de télépathie, parce que nous étions jumelles. Il est vrai que tout ceci n'était pas sans poser question : existe-t-il un déterminisme génétique implacable pour les jumeaux ? Quelle part accorder à l'hérédité et à l'environnement ? Le fait de grandir ensemble, de partager les mêmes événements au même moment n'amène-t-il pas à une conscience aiguë de ce que peut penser ou ressentir l'autre, à favoriser les mêmes réactions au même moment ?

Si l'on se réfère aux recherches sur le sujet, la plupart des études « *twins studies* » jusqu'aux années 1960, s'inscrivaient dans la conception du tout-génétique, le déterminisme génétique primant alors sur les effets de l'environnement. Par la suite, nombre de chercheurs se sont attachés à montrer l'importance des facteurs environnementaux. Il en va ainsi du psychologue René Zazzo qui, dès 1960, soulignait le paradoxe de la gémellité selon lequel les vrais jumeaux se ressemblent physiquement mais ne partagent guère plus psychologiquement que des frères ou des sœurs ordinaires. Il affirmait que les jumeaux vrais, malgré leur similarité de conditions, biologiques et environnementales, vont progressivement se différencier pour devenir deux personnes singulières : « Même hérédité, même milieu, et pourtant deux êtres singuliers. »

Mais si René Zazzo a eu le mérite de libérer les jumeaux du déterminisme de l'hérédité, il m'est plus difficile de le suivre lorsqu'il considère les jumeaux comme un couple. Les jumeaux constitueraient, selon lui, des couples excessifs sur lesquels peut se fonder la psychologie des couples ordinaires. Il estime ainsi pouvoir sortir les jumeaux de leur « ghetto » en les tenant pour un cas limite d'une situation générale.

Je ne me suis jamais reconnue dans cette idée. Pourquoi définir les relations gémellaires par rapport aux variétés des relations singulières ? Il existe quelque chose d'inexprimable dans la situation des jumeaux, de mystérieux, tout comme l'est à l'origine la scission inexpliquée de l'œuf qui a donné naissance à deux êtres singuliers.

ÊTRE SOI : ET VRAIMENT UNIQUE ?

À travers ses différents souvenirs, Jeannette montre combien, même sans patrimoine génétique officiellement équivalent, les mouvements de différenciation entre elle et sa sœur ont été difficiles, douloureux, complexes, fatigants : usage de pronoms (« on », « nous ») et d'un prénom (« Marie-Claude-Jeannette ») communs, sentiments et émotions partagés au même instant, et tout cela en raison de la seule ressemblance physique, régulièrement appuyée par le monde des « autres ». Il est bien clair aussi que la « vérité » génétique, proclamée quand les deux sœurs étaient adultes et déjà bien individualisées, n'a pas eu le même impact, et Jeannette le souligne, a été beaucoup plus facilement assimilable que si la messe avait été dite quand les deux petites étaient bébés. En effet, quand la gémellité plonge les parents dans une panique importante, chez les très jeunes enfants l'impossibilité de mettre en mots les questions, les doutes, les émotions, provoque davantage d'angoisse et peut amener à la mise en place de véritables pathologies de la personnalité au cours du développement. En revanche, quand la gémellité est bien assumée par les parents, ceux-ci la présentent souvent dès la naissance aux enfants de façon implicite, sans même s'en apercevoir, comme une belle évidence. Plus tard, les enfants posent des questions plus ciblées, et les parents n'ont alors qu'à donner des précisions formulées en fonction des capacités de compréhension langagières de l'enfant.

SINGULARITÉ ET AMBIVALENCE

La seule marque de différenciation introduite par les parents des jumelles a tourné autour du choix des prénoms : ce choix a été simple pour la première, impossible pour la deuxième, non « programmée », non attendue. C'est sur fond de cette toute petite brèche hautement symbolique, dans ce minuscule décalage au milieu d'un monde de similitudes apparemment parfait, que, sans aucun doute, l'esprit d'indépendance de Jeannette est né. Il s'est ensuite développé, à travers cette volonté intense de survivre malgré la maladie, et de prendre une place qui soit la sienne, celle d'un bébé qui n'aurait pas dû vivre, mais qui a été en quelque sorte sauvé par un tiers qui l'a dénommé et l'a reconnu par cet acte fort comme digne d'exister.

Dès lors, Jeannette a eu accès à une ambivalence teintée de révolte, qu'elle manifeste quand, au fond de la cour, dans le cabanon, elle vocifère contre ses parents. En dehors de leur nom de famille, privés pendant la grossesse de la possibilité d'investir un deuxième bébé imaginaire (ils n'avaient pu se préparer qu'à un seul bébé !), ces derniers n'ont pas su lui donner une place singulière dans la lignée en la pourvoyant d'un prénom porteur de fantasmes d'avenir, trop désemparés sans doute devant l'événement en raison de leur propre histoire. Du coup, Jeannette a développé une empathie toute particulière pour tous ceux qui sont en passe de perdre leur identité... Dans son travail auprès des prisonniers, elle n'a eu de cesse de leur permettre de regagner, en même temps que de la dignité, une véritable identité humaine, originale, unique pour chacun, et non pas englobée dans l'identité groupale de « détenus ».

Se différencier à tout prix

Être reconnues comme des êtres singuliers a été une lutte de tous les instants dès que nous avons pris conscience que nous devions sortir à tout prix du schéma qui nous avait été si soigneusement tracé. Ce ne fut pas sans aléas.

En ce qui me concerne, cela s'est traduit, pendant l'adolescence, par une perte de repères, un repli sur moi-même, une timidité excessive. J'avais bien du mal à me situer aux côtés d'une sœur trop semblable à moi-même, avec laquelle j'avais des liens privilégiés mais qui pouvait aussi se montrer agressive à mon égard. Elle me reprochait, comme je l'ai déjà souligné, d'être la « préférée », et ses reproches, qui me paraissaient justifiés, me culpabilisaient et provoquaient en moi un profond sentiment de mal-être.

J'étais alors tiraillée entre des sentiments et des aspirations antagonistes : le désir de maintenir une relation privilégiée avec ma sœur, la volonté de la protéger pour tenter de réparer l'injustice dont elle était l'objet, mais aussi le souhait de m'éloigner d'elle pour m'affirmer, échapper au regard réducteur des autres, ne plus être considérée comme son image réfléchie. Confrontée à mon propre désir d'indépendance et de liberté, j'avais mauvaise conscience. Il me semblait trahir la confiance de mon entourage et, de manière plus grave, l'harmonie de la relation avec ma sœur.

Cela s'est traduit brusquement à dix-sept ans par une décompensation qui a été qualifiée par le médecin de famille, abusivement je pense, de « dépression nerveuse ». J'ai été alors assaillie de questions par différents membres de ma famille concernant cette tristesse et mes pleurs fréquents. Je n'ai su ni voulu, je crois, apporter de réponse, estimant que personne n'était susceptible de comprendre mes interrogations qui étaient aussi de l'ordre de la révolte. J'avais l'impression d'appartenir à une autre planète, d'être prisonnière d'une situation qui m'avait été imposée à la naissance et que je n'avais pas choisie. À l'âge des premiers petits copains, je ne savais plus comment me situer, ni ce qu'il m'était possible de vivre en raison de ma situation de jumelle. Je n'osais pas aborder cette question avec ma sœur et je me fixais des interdits dans mes relations, pour éviter tout problème.

J'étais en classe de première, une année importante pour la préparation du baccalauréat. Ma sœur est restée étrangère à cette crise. Après une interruption de trois semaines de ma scolarité, j'ai repris mes activités plus sereinement, avec une énergie nouvelle. J'ai pris alors conscience de l'impérieuse nécessité de m'éloigner de ma sœur et de mon entourage familial, et de me projeter différemment dans l'avenir.

SE « DÉPRIMER » POUR AVANCER AUTREMENT

Jeannette adolescente se « déprime », dit-on... Crise d'adolescence banale ? Épisode dépressif majeur ? Ou plongée incontournable dans des vécus archaïques qui ont dû être ceux du bébé sans prénom qu'elle a été ? Même si Jeannette se défend aujourd'hui de tout mouvement dépressif, je pense qu'après le redoublement imposé à sa sœur ou les soirées – jeux que les parents organisaient avec des amis, et que les jumelles subissaient depuis tant d'années –, elle ne pouvait réorganiser sa vie et prendre conscience de son besoin de liberté, sans une sorte de régression, d'arrêt, qui s'apparente au mouvement de deuil que tout processus dépressif enclenche.

Mais il n'est pas question ici d'épisode véritablement psychiatrique : il s'agit plutôt d'un travail psychique positif, même s'il est très douloureux, aboutissant au franchissement d'une étape salvatrice. Ce saut vital provient de la résolution de conflits intrapsychiques pesants, engluant la jeune fille dans un magma d'indifférenciation, qui ne peut plus tenir avec le bouillonnement pulsionnel que la puberté entraîne. On ne peut aimer à deux en même temps : les corps des jumeaux se disjoignent obligatoirement dans l'amour. La sexualité reste un acte intime, personnel, et Jeannette en a sans doute pris conscience à cette période.

TÉLÉPATHIE, SIMILITUDE DES CHOIX ET GÉMELLITÉ

Si le monde extérieur a vite fait de qualifier d'étrange ou de magique la communication des jumeaux, la similitude de leurs choix à distance (vêtements, chaussures, etc.) vraisemblablement facilités par leur extrême et permanente proximité psychique, ces similarités ne me semblent pas des répétitions à l'identique : toute l'histoire de Jeannette et de sa sœur les montre, courageuses jumelles, qui luttent pour trouver leurs écritures propres, leurs orientations scolaires contrastées, leurs choix de vie différents, au prix, parfois, de périodes sombres. Cessons donc de mystifier ce qui n'est qu'humain, au risque de considérer les jumeaux comme des « mutants » inquiétants et peu fréquentables !

Chapitre 8

Enfin soi !

Notre chemin vers l'indépendance a été jalonné de différentes étapes.

Dès la classe de terminale, nous avons cherché un moyen de poursuivre nos études, chacune de manière autonome. Nous ne voulions plus avoir de comptes à rendre à qui que ce soit, nous voulions construire notre avenir selon nos désirs, être libres enfin de gérer notre encombrante gémellité comme nous l'entendions.

Nos orientations respectives étaient évidentes : pour ma sœur, le professorat de mathématiques ; pour moi, le métier d'assistante sociale. Nous nous sommes donc mises en quête de solutions pour financer nos études, chacune de notre côté.

Nos chemins se séparent

Je me suis présentée auprès de différentes administrations et organismes de service social pour solliciter une bourse et j'ai obtenu satisfaction sans difficulté moyennant un engagement de travail de cinq années.

Ma sœur, de son côté, a obtenu du rectorat la promesse d'un emploi de maîtresse d'internat dans un établissement scolaire lui permettant de financer ses études.

S'est posée alors la question du choix de la ville. Ma sœur étant tenue de s'inscrire auprès de la faculté de Poitiers, ce fut à moi d'effectuer un choix déterminant. Entre Poitiers et Bordeaux, j'ai opté sans hésitation pour Bordeaux, mettant ainsi une distance géographique de plus de deux cent cinquante kilomètres entre nous.

Étape vers l'avenir donc, réussie pour l'une et pour l'autre, avec un départ programmé vers des horizons bien distincts. Les projets se sont réalisés pour chacune de nous.

C'était sans compter certains aléas.

Je suis tombée malade, un an après le début de mes études d'assistante sociale à Bordeaux, à la suite d'un stage à l'hôpital dans un service de phtisiologie. Une fois de plus, je me distinguai par la maladie. J'ai été hospitalisée pour une primo-infection tuberculeuse dans le même service de phtisiologie où j'avais fait mon stage et j'ai dû interrompre brusquement mes études.

Je n'avais révélé à personne que j'avais une sœur jumelle alors que cela faisait déjà plus d'une année que j'étais installée à Bordeaux. Évidemment, je n'avais pas imaginé que ma sœur viendrait un jour me retrouver sur mon lieu de vie...

Un peu plus d'un mois après mon hospitalisation, elle est venue en stop depuis Poitiers, quelques jours seulement avant Noël. Avant de me rendre visite à l'hôpital, elle est allée au restaurant universitaire pour déjeuner, et là... surprise, elle a rencontré plusieurs de mes amis. Bien que nous soyons alors coiffées différemment – elle avec des cheveux mi-longs, moi à la garçonne –, un de mes copains l'a prise par les épaules en lui demandant comment elle allait, se réjouissant de la voir enfin sortie de l'hôpital.

Stupéfaction pour bon nombre de mes connaissances, proches ou moins proches, d'apprendre que j'avais une sœur jumelle. Le fait que je n'aie rien dit leur a semblé surprenant, pour ne pas dire « inadmissible ». J'ai dû m'en expliquer par la suite sans les convaincre complètement du bien-fondé de mon silence. Que je n'aie pas parlé de mes deux frères n'avait rien de scandaleux à leurs yeux. En revanche, il leur était difficilement compréhensible que j'aie pu passer sous silence ma sœur jumelle, comme si j'avais dissimulé ainsi une partie de moi-même. Une fois de plus, j'ai constaté combien les jumeaux étaient l'objet d'une véritable fascination qui ne les autorisait pas à exister comme des êtres singuliers.

C'est avec bonheur que j'ai reçu la visite de ma sœur à l'hôpital. Elle m'avait apporté cinq charmants petits santons de Provence que j'ai installés aussitôt sur un coin de ma table de nuit. Par ce cadeau évoquant la nativité, c'était la vie qui m'était offerte pour m'encourager à avoir de nouveau confiance en l'avenir.

Cette crèche de Noël a pris pour moi valeur de symbole souvenir : celui de la présence de ma sœur ce jour-là, alors que je n'étais pas très gaillarde au fond de mon lit d'hôpital. Elle a été complétée au fil des années par d'autres petits santons et c'est ainsi que cette crèche est installée chaque année par mes enfants pour la fête familiale de Noël.

Ma sœur a dû repartir très vite pour rejoindre Poitiers en stop. Compte tenu de ses obligations pesantes de maîtresse d'internat, cette visite représentait une véritable escapade pour elle. Je n'aurai d'ailleurs pas l'occasion de la revoir pendant les trois mois de mon hospitalisation à Bordeaux.

J'ai passé Noël seule à l'hôpital. Pendant cette journée où la plupart de mes voisins de lit recevaient leur famille, je me suis réfugiée sous les draps pour m'isoler et ne pas trop penser. Expérience lourde qui m'a permis de mesurer combien on est solitaire face à son destin, même lorsqu'on a une jumelle.

Pour moi, cette maladie signifiait l'incertitude du lendemain : arrêt de mes études, suspension de ma bourse et prévision d'au moins une année de soins.

De l'hôpital de Bordeaux, j'ai été admise directement dans un établissement de soins près de Saint-Pierre-de-Chartreuse dans les Alpes où j'ai passé huit mois au milieu des montagnes. Ma mère avait réussi à se libérer pour m'accompagner lors de ce transfert.

Du fait de leurs obligations professionnelles de commerçants, j'ai peu vu mes parents pendant cette période. Ma mère est venue deux fois à Bordeaux pour de très courtes visites et une fois lorsque j'étais dans les Alpes. Quant à mon père, il n'a pu se déplacer qu'une seule fois à Bordeaux au cours de cette année pas comme les autres.

Ma sœur est venue de nouveau me rendre visite alors que j'étais à Saint-Pierre-de-Chartreuse. Un voyage qui de nouveau n'était pas évident pour elle, compte tenu de la distance et de la dépense qu'il représentait. Elle avait réussi à obtenir une bourse lui permettant d'abandonner son poste très contraignant de maîtresse d'internat, avait été reçue à ses premiers certificats de licence, et venait en outre m'annoncer ses fiançailles. Tout allait bien pour elle. Bien habillée, bien coiffée, elle m'a paru en pleine forme et manifestement heureuse.

Lorsque je l'ai vue repartir à pied sur la route pour rejoindre le car qui la ramènerait à Grenoble, je l'ai suivie longtemps des yeux. J'ai compris alors combien nos destins avaient pris brusquement des tours différents. Seule, loin de ma famille et de mes amis de Bordeaux, il m'appartenait de faire face à une situation dont je n'avais plus la maîtrise. Toutefois, j'étais profondément heureuse pour ma sœur. Et puis, elle venait de prendre son envol et me donnait ainsi la liberté de décoller à mon tour.

DISTANCE ET RAPPROCHEMENT DÉRANGEANT

La vie est loin d'être un long fleuve tranquille ! Quelle ironie du sort que ce rapprochement obligé par la maladie entre deux sœurs jumelles qui ont réussi le mieux possible leur « disjonction », grâce à leurs choix successifs (orientations, lieux de travail), pour exister chacune !

La maladie de Jeannette fait « coup double » puisqu'elle ravive chez elle la peur liée à sa naissance (elle a été un bébé non désiré et en danger vital) et vient, de nouveau, en quelque sorte, la « démasquer » : l'arrivée de son « double » en chair et en os sur son nouveau lieu de vie la déstabilise autant qu'elle met mal à l'aise son entourage, surpris – comme l'obstétricien maternel, lors de l'accouchement – de voir une deuxième tête si semblable, pointer le bout de son nez !

On peut penser que Jeannette enfant ne pouvait pas cacher sa gémellité puisqu'elle était sans cesse avec sa sœur. De plus, si une occasion s'était présentée, on peut imaginer aussi qu'elle ne l'aurait pas saisie tant elle aurait été envahie par une peur inconsciente d'être bannie à tout jamais de l'amour maternel. À l'aube de sa vie de femme, pour se sentir enfin elle-même, Jeannette tente d'affirmer son unicité en choisissant son avenir universitaire loin de sa sœur, ce qui lui permet de dissimuler l'existence de cette dernière. Elle s'épanouit alors comme « unique » et s'autorise à savourer l'ivresse de cette identité dégémellisée. Mais, la destinée fusionnelle semble la rattraper quand elle se retrouve au fond d'un lit, atteinte d'une maladie difficilement curable et considérée alors comme honteuse.

On peut imaginer la culpabilité, voire la honte, qui ont dû l'assaillir dans ces moments difficiles ! Il est vrai que son positionnement était quelque peu radical : tuer symboliquement « l'autre » en déniant son existence même, c'est un peu fort ! Mais le « tout ou rien » semblait la seule solution pour sortir définitivement de la dualité fusionnelle.

La rudesse du mécanisme d'amputation du couple gémellaire s'explique souvent par l'intensité de l'angoisse d'englobement et de non-existence que provoquent les mouvements de rapprochement...

DANGER VITAL, NATIVITÉ ET RENAISSANCE

Du côté de la sœur de Jeannette, la crainte est forte aussi. D'abord, la voilà qui lui offre un cadeau de renaissance (une crèche débutante, juste les parents et l'enfant) qu'elle pourra continuer à construire toute sa vie : en cela, la sœur de Jeannette l'aide à renaître, lui donnant l'occasion de se projeter dans autre chose que la boucle infernale de la fusion. Car dans une crèche, chaque santon spectateur de l'événement enrichit la scène à l'infini, et les achats peuvent se poursuivre de génération en génération, comme cela a été le cas.

Puis, immédiatement reprise par sa fonction, mais aussi sans doute par ses propres inquiétudes de fusion et de contagion (si une jumelle est malade, l'autre ne pourrait-elle pas le devenir ? N'enviait-elle pas, bébé, les bénéfices secondaires que procurait la maladie à Jeannette ?), elle fuit, parce qu'il est vital pour elle de reprendre le cours de sa propre vie.

Jeannette se retrouve *jumelle mais seule*, dure constatation, mais aussi message de vérité qui la renforce secondairement : en se battant avec ses propres forces, hors du cocon de la gémellité, contre le bacille de Koch, elle acquiert la certitude qu'elle existe à part entière. L'absence de ses parents en cette période de fête, renforce certainement chez elle un vécu de tristesse, réactivant en elle les fantômes des difficultés maternelles du *post-partum*. Mais la solitude la plonge aussi dans le monde des adultes, un peu tôt il est vrai... Peut-être sa solidité, sa force de caractère, sa ténacité futures, héritières de ses révoltes de bébé et d'enfant, se sont-elles ici renforcées, pour s'ancrer au plus profond de son corps, de nouveau en lutte contre les microbes et le « trou noir » dépressif.

CRAINTE ET LIBÉRATION

Pendant tous ces mois de convalescence, Jeannette est bien seule. Elle apprend à vivre en faisant appel à ses ressources personnelles, développe une résilience teintée de la même lucidité que celle qui l'habitait déjà toute petite. Elle n'a plus recours à sa famille, ni au couple gémellaire. Aucun repli pour elle n'est possible : il faut avancer à tout prix, sinon, d'une certaine façon, c'est le danger de la mort qui la guette à nouveau ! Comme lorsqu'elle était bébé, Jeannette choisit de vivre au positif. Elle se réjouit de la reconstruction de sa sœur définitivement « arrivée » (fiancée, ayant accompli des études réussies débouchant sur un avenir professionnel serein) et s'apprête, après des jours dont on sent qu'ils ont dû être sombres et amers, à « décoller », joli verbe qui sous-entend l'envol, mais aussi la complète sortie de la bulle gémellaire.

Jeannette va vivre, pour elle, avec d'autres – ça y est, c'est certain ! Cette sensibilité intense à la douleur d'autrui qui est la sienne ne la quittera plus, mais aussi une nouvelle capacité à se protéger : dès lors, la jeune femme avancera avec détermination, sincérité et authenticité, forte d'une solide enveloppe psychique, non poreuse aux projections mortifères de l'autre.

Cette capacité à percevoir de façon aiguë ses propres limites et celles de l'autre, permet à Jeannette de ne pas être envahie, et d'aider l'autre au mieux sans risque d'être détruite. Cette solidité exceptionnelle me semble prendre sa source dans ces multiples allers-retours entre fusion et renaissance solitaire, entre englobement et libération, entraînant la construction de nouvelles enveloppes psychiques et corporelles, souples et imperméables à la fois. Quelle belle victoire que d'avoir su rester vivante, sensible, sans sombrer dans la culpabilité ou la honte qui, toutes deux, rétrécissent la vie en centrant l'individu sur lui-même !

La question du tiers sur lequel Jeannette a pu appuyer toutes ces années, reste un mystère fascinant : est-il simplement symbolique (en la personne de cette femme donneuse du prénom) ? Est-il plus réel (son père, ses frères, auraient-ils été plus présents qu'il n'y paraît) ? Cela reste son mystère de vie, et c'est bien ainsi.

Hasard et convergence des destins

Avec la séparation de nos chemins, on aurait pu penser que nos vies allaient se dérouler désormais chacune de leur côté. Mais le hasard est venu s'en mêler pour nous adresser un joli clin d'œil.

Après huit mois passés dans les Alpes, j'ai pu reprendre cahin-caha mes études malgré une santé encore déficiente et décrocher enfin mon diplôme d'État d'assistante sociale. Quant à ma sœur, elle obtint sans difficulté sa maîtrise de mathématiques.

Mais ce qui n'était pas prévu, c'est qu'un des frères du fiancé de ma sœur, un ami d'enfance, me fasse savoir, trois mois avant mon diplôme d'assistante sociale, qu'il souhaitait que nous poursuivions nos routes ensemble. Cette demande en mariage, très inattendue, m'a posé un sérieux dilemme.

Les deux frères ne présentaient aucune similitude. L'un, le fiancé de ma sœur, était posé, sérieux, rigoureux, un brin conservateur, et l'autre, mon prétendant, était plutôt fantaisiste, plein d'humour, ouvert sur le monde extérieur. Le premier était un jeune agrégé de lettres et se préparait à enseigner à la faculté, le second se destinait au professorat d'arts plastiques, et, en tant qu'artiste peintre, fréquentait différentes académies de peinture à Paris.

Le hasard avait voulu que nos familles se connaissent et que les enfants se retrouvent pour les vacances au bord de la mer. Plus tard, nous fréquentions le même groupe scout et la même chorale. Nous n'étions pas des inconnus les uns pour les autres et des affinités s'étaient manifestées relativement tôt.

Ce qui m'a posé problème, ce n'était pas le fait que ce soit deux frères, tant ils étaient différents, c'était de me retrouver au sein de la même belle-famille que ma sœur, de ne pas pouvoir déboucher sur un « ailleurs » différent du sien. J'aurais souhaité m'engager dans une perspective de vie qui n'appartienne qu'à moi.

J'ai eu l'occasion, après mon mariage, de faire part à un ancien ami de Bordeaux devenu psychiatre, de cette situation un peu exceptionnelle. Pour lui, il n'y avait pas l'ombre d'un doute quant à l'imbrication des liens fraternels et conjugaux du fait de ma gémellité. Il était évident que je souhaitais vivre dans le sillage de ma sœur et que mon mariage avec un frère de son mari était pour moi une façon de la retrouver. Il n'a pas su entendre mes motivations ni les prendre en compte, ce qui m'a vivement contrariée.

Quant à ma sœur, elle était loin de se réjouir de mon arrivée dans « sa » belle-famille qui représentait pour elle un véritable havre de paix et de douceur.

Évidemment, cette situation a occasionné des confusions entre nos deux couples, comme l'illustre cette anecdote, plutôt cocasse.

Alors que je sortais avec mon fiancé du domicile de mes parents quelques jours seulement après le mariage de ma sœur, nous avons été abordés dans la rue par une vieille dame, amie de ma famille. Celle-ci en nous voyant a cru qu'il s'agissait de ma sœur et de son mari et s'est adressée à moi pour demander comment s'était passé la cérémonie.

Je lui ai répondu aussitôt : « Ce n'est pas moi, c'est ma sœur qui vient de se marier », ce qui a paru profondément la troubler.

Alors, se retournant vers mon fiancé qui pourtant me tenait par les épaules, elle a ajouté : « Mais c'est monsieur que je reconnais », croyant se trouver en présence du mari de ma sœur en raison d'un certain air de famille entre les deux frères. Mon fiancé a aussitôt répliqué : « Ce n'est pas moi, c'est mon frère qui vient de se marier », provoquant un véritable vent de panique chez cette personne âgée : préférant clore la discussion, elle s'esquiva précipitamment, nous laissant interloqués et pris d'un fou rire irrésistible, peu charitable il est vrai.

ET ENSUITE ?

J'ai été accueillie dans ma future belle-famille avec beaucoup de chaleur et de gentillesse. Ma sœur, qui en faisait partie depuis près de deux années, avait noué une relation de grande proximité avec ma future belle-mère et c'était bien ainsi. Je n'ai jamais essayé de lui ravir cette place, trop heureuse de ce juste retour des choses.

Les quatre garçons de la famille se retrouvaient en général dans la maison familiale de vacances au bord de la mer pour des périodes plus ou moins longues, avec leurs conjointes ou fiancées ainsi que leurs enfants. Ma sœur et son mari, l'un et l'autre enseignants, y passaient toutes les vacances scolaires, alors que de notre côté, les séjours y étaient plus ponctuels. Le climat était chaleureux, convivial, et chacun semblait y trouver son compte.

Ma sœur était très appréciée pour ses connaissances mathématiques par tous les neveux et nièces confrontés aux difficultés des devoirs de vacances. Quant à mon beau-père, inspecteur général de l'Éducation nationale, il avait lui-même beaucoup d'admiration et d'estime pour elle. Il s'est ainsi ingénié, à l'occasion de ses tournées dans les établissements scolaires, à faire irruption dans sa salle de classe, accompagné du chef d'établissement, en simulant une inspection. Ce n'était bien entendu pas dans ses fonctions puisqu'il avait en charge l'éducation musicale et qu'il se disait rebuté par les mathématiques depuis son plus jeune âge. Face à ses élèves, ma sœur ne pouvait guère dévoiler le pot aux roses. Aussi se contentait-elle de poser comme principe qu'elle donnerait plus d'explications que d'habitude « pour que tout le monde comprenne ». Ce petit jeu, qui révélait une grande connivence entre eux, a donné à ma sœur un statut privilégié qu'elle n'avait jamais connu auparavant.

Dans ce nouveau contexte, l'indifférenciation dont nous avions tant souffert pendant notre enfance n'existait plus et le fait d'être jumelles était sans incidence particulière. Nous étions reconnues chacune dans notre spécificité, sans confusion ni comparaison, et cette situation plutôt inédite a eu tendance à nous rapprocher et à nous permettre de retrouver une certaine complicité.

Quant à nos enfants respectifs, nous avons eu successivement chacune, avec le même décalage d'années, un garçon, une fille, un garçon. Là s'est arrêtée la similitude, ma sœur et mon beau-frère ont eu ensuite encore deux garçons, alors que mon mari et moi, avons fait le choix de l'adoption pour notre quatrième enfant, un petit garçon qui nous a été confié par le service social de Polynésie.

Nos trois aînés sont donc des cousins plus que germains puisque leurs pères sont frères et leurs mères sœurs, et même vraies jumelles. Quoi d'étonnant alors si leurs ressemblances physiques sont plus que troublantes ?

Nos deux garçons aînés, chevelus et barbus, ont eu l'occasion d'être confondus dans un rassemblement altermondialiste auquel ils assistaient lorsqu'ils avaient une vingtaine d'années. Alors qu'ils ignoraient la présence de l'autre à cette manifestation qui réunissait pas moins de deux mille participants, le fait d'être confondus par plusieurs personnes les a avertis de la présence du « cousin ressemblant » et leur a permis de se retrouver. Nos deux filles, quant à elles, du même âge à quatre mois près, ont été régulièrement confondues dans des rassemblements scouts qui réunissaient des groupes de différentes régions.

Cette ressemblance ne les a pas gênés, bien au contraire. Très proches les uns des autres, nos enfants respectifs ont toujours eu beaucoup de plaisir à se retrouver et à vivre ensemble des moments de grande complicité.

Encore du commun... hors du commun !

Il est vrai qu'il est classique que les jumeaux/jumelles se marient avec des jumeaux/jumelles.

Mais pour Jeannette, il me semble que les choix n'ont pas été tracés par la nécessité de recoller un couple gémellaire, et cela pour différentes raisons : Jeannette et son futur mari se sont connus enfants, ont partagé de nombreux moments unissant leurs deux familles ; c'est son futur mari qui s'est déclaré, et pas elle ; il était le frère et non le jumeau du fiancé de sa sœur ; il était radicalement différent de celui-ci ; et surtout, ni lui, ni Jeannette n'avaient envie de vivre proches de leur frère et sœur respectifs !

C'est pourquoi, il m'apparaît toujours dangereux de faire des raccourcis trop rapides, en affirmant par exemple que les jumeaux ne peuvent échapper au besoin, dans leur sexualité, de reconstituer la bulle gémellaire. Ce type de raisonnements caricaturaux appauvrit encore un peu plus l'identité propre des jumeaux, en prétendant que leur avenir est à l'avance tracé, indépendamment de leur histoire transgénérationnelle, des événements de vie particuliers qu'ils ont traversés, de la nature des interactions précoces avec leur environnement.

Tout au long de ce livre, nous avons assisté à la lutte complexe mais ô combien vivante de Jeannette et de sa sœur, contre leurs parents, leur famille élargie, afin d'exister chacune en lien plutôt qu'en symbiose. Le partage d'un environnement commun dans leur petite enfance semble avoir influencé les choix amoureux des jumelles, mais n'a pas abouti à une vie commune des deux couples en raison des liens fraternels des deux époux.

Cessons donc de réduire au plus petit dénominateur commun l'histoire des jumeaux et laissons-les nous surprendre, sans forcément interpréter leur choix à la lumière de nos propres fantasmes gémellaires !

RESSEMBLANCE, COMPLICITÉ, CONNIVENCE ET DIFFÉRENCES

De même, il est rassurant de constater que, contrairement aux interprétations classiques concernant ce type de situation, la cohabitation des deux couples avec la famille a été bien différenciée : chacun a pris une place particulière, liée aux capacités et particularités individuelles. Il semble d'ailleurs que la place même des deux garçons ait été affirmée, bien avant les mariages !

Arrivée après sa sœur dans sa belle-famille, Jeannette a su respecter la place de celle-ci, en s'en réjouissant même, comme si cette revanche de la vie lui apportait à elle une sérénité nouvelle en la dégageant de sa propre culpabilité fraternelle.

Chapitre 9

Avoir un mari jumeau

Ce que je n'ai pas révélé jusqu'ici, c'est que mon mari a également un frère jumeau. Fort heureusement, ce frère jumeau n'est pas le mari de ma sœur, au risque sinon de me retrouver dans le cas de figure caricatural, souvent décrit, des couples de jumeaux et jumelles qui associent leurs destinées pour maintenir des liens au-delà du mariage.

Notre histoire commune avec mon mari a commencé d'une manière un peu curieuse par le partage d'une poussette. Alors que nos familles ne se connaissaient pas encore, il se trouve que notre poussette de jumeaux est passée d'une famille à l'autre par l'intermédiaire d'un tiers. Ce n'est que plus tard qu'elles ont réalisé qu'elles avaient été indirectement mises en relation avec cette histoire de poussette.

Des vrais « faux »

Mon mari n'est pas un « vrai jumeau » mais un vrai « faux » et ne présente aucune ressemblance avec son frère. Enfants, ils n'avaient ni la même taille, ni la même corpulence, ni les mêmes traits du visage, ni la même allure. Leur entourage avait toujours la surprise de découvrir qu'ils étaient frères et, de surcroît, jumeaux.

Mon mari se souvient du regard perplexe des personnes lorsque leur mère, après avoir présenté l'aîné et le cadet les désignait suivant la formule consacrée : « Et voilà les jumeaux ! » En retour, sans qu'elle soit accompagnée d'un sourire ou d'une parole gentille, la phrase rituelle tombait : « Oui, mais des faux ! », formulée comme un regret ou un reproche. Ce scénario fréquent n'était pas sans provoquer chez lui de la tristesse et un certain malaise qu'il évoque encore aujourd'hui avec émotion.

Leur naissance a été marquée par un événement particulier raconté de nombreuses fois par ma belle-mère lors des repas de famille. Le jumeau premier-né, qui était le frère de mon mari, est venu au monde avec le nez légèrement tordu et un creux au niveau du front. Selon l'interprétation familiale, la responsabilité en incombait à l'autre jumeau censé avoir donné de violents coups de pied à son frère *in utero*. Même si l'histoire était racontée sur le ton de la plaisanterie, mon mari se sentait mis en accusation et perçu comme le « méchant ». Son sentiment était renforcé par le fait que, par la suite, son frère, timide et réservé, a toujours été présenté comme le « gentil » alors que lui, plutôt extraverti et déluré, était considéré comme « un vrai petit diable – la petite peste », ce qu'il interprétait aussitôt comme « le pas gentil – celui qui n'intéressait personne ». Pour se faire remarquer, il a multiplié les bêtises et fait le pitre, au point de vouloir en faire un choix professionnel à l'adolescence ! Il a rêvé de « faire l'école des clowns », sans savoir d'ailleurs si elle existait réellement et sans jamais oser en parler à sa famille. Plus tard, il a partagé ce rêve secret avec nos propres enfants, à l'occasion des histoires merveilleuses qu'il leur racontait lorsqu'ils étaient petits. Il leur a fait croire ainsi pendant leurs premières années qu'il avait suivi une formation spécialisée dans cette fameuse école des clowns !

Dès la naissance et jusqu'à l'âge de quatorze ans, mon mari et son frère ont partagé le même lit. Cette situation n'était pas particulièrement pesante pour eux. Mon mari raconte même qu'avant de s'endormir il avait pris l'agréable habitude de se réchauffer les pieds contre les mollets de son frère. C'est seulement lorsque l'un et l'autre ont bénéficié d'un lit personnel qu'ils ont mesuré à quel point la situation antérieure était peu confortable.

À ce propos, ma belle-mère m'a confié une anecdote qui se situe peu de temps après leur naissance. Pour répondre à mon inquiétude concernant l'un de mes enfants, en l'occurrence le troisième qui quinze jours après sa naissance vomissait tous ses biberons, elle m'a déclaré pour me tranquilliser : « Ne t'inquiète pas, ton mari était pareil. Il vomissait dans l'oreille de son jumeau. » Cette histoire était loin de me rassurer sur la santé de mon bébé qui a dû être admis assez rapidement à l'hôpital. Ce n'était pas non plus sans m'interroger sur la proximité des enfants jumeaux dans le même berceau.

Une profonde connivence

Enfants du milieu dans la fratrie, entre un frère de trois ans leur aîné et un frère plus jeune de quatre années, mon mari et son frère ont constitué d'emblée un joyeux duo indépendant au sein de la famille et ont parcouru ensemble les différentes étapes de l'enfance et de l'adolescence dans une grande complicité.

Très proches l'un de l'autre, ils ont développé au cours de leurs premières années un mode particulier de communication, sous forme de regards, d'attitudes mais aussi d'un langage spécifique, mystérieux et incompréhensible pour les autres. On les voyait ainsi converser, sans pouvoir déchiffrer le sens de leurs paroles. Ils semblaient se complaire dans cet univers secret qui les isolait du reste de la famille et les privait des échanges habituels avec l'entourage. L'acquisition du langage

« normal », peu utile au sein de leur univers, a été tardive pour l'un comme pour l'autre.

Leurs parents, particulièrement sensibles à l'expression de la pensée du fait sans doute de leur appartenance au milieu universitaire, ont eu un peu de mal à accepter ce retard de langage pourtant courant chez les jumeaux. Leur inquiétude était renforcée par la comparaison avec leur fils aîné qui s'est révélé très précoce dans tous les domaines. Au sein de la famille, mon mari et son frère jumeau ont été considérés, c'est du moins la perception qu'ils en ont eue l'un et l'autre, comme « à part », « différents », voire « inférieurs » à leurs deux autres frères reconnus par tous comme supérieurement brillants et intelligents.

Pendant leurs études primaires et une partie de leurs études secondaires, ils ont fait le choix d'être assis l'un à côté de l'autre en classe et de mener la plupart de leurs activités ensemble. Ils jouaient parfois avec espièglerie de leur gémellité. Ainsi, lorsqu'un professeur interpellait l'un d'eux pour une interrogation, c'est l'autre qui répondait, semant la confusion chez l'enseignant, mais pour la plus grande joie des élèves de la classe. Pour leurs camarades, ils étaient une étrangeté : « Deux frères toujours ensemble qui ne se disputaient jamais. » Plus tard, chacun est resté longtemps l'interlocuteur privilégié de la vie de l'autre, souhaitant et recherchant en permanence sa présence.

La grande connivence existant entre eux a persisté pendant quelques années après leur mariage. Et, lorsqu'ils se retrouvaient, il était manifeste que la fraternité gémellaire prenait le pas sur tout le reste. Les deux épouses concernées, en l'occurrence ma belle-sœur et moi, devaient pour un temps se mettre un peu à distance. Ces moments de mise à l'écart de nos maris nous permettaient d'échanger avec humour sur nos expériences mutuelles d'épouses de jumeaux. Curieusement, j'oubliais alors que j'appartenais moi-même à ce monde.

Partages d'expériences

Très heureux d'avoir un frère jumeau, mon mari a eu un peu de mal par la suite à comprendre mon positionnement vis-à-vis de ma sœur « vraie jumelle ». J'ai eu moi-même quelques difficultés à admettre que les rapports avec son frère jumeau pendant son enfance et son adolescence aient pu être aussi idylliques qu'il le prétendait. Nous avons été amenés ainsi à partager nos expériences réciproques de gémellité, de « vraie jumelle » et de « faux jumeau », en les comparant dans leurs similitudes et différences.

Mon mari et son frère ont connu, comme ce fut le cas pour ma sœur et moi, l'amalgame récurrent de leur individualité en étant désignés comme « les jumeaux ». Ils étaient souvent interpellés collectivement par le vouvoiement, au mépris de la reconnaissance de leurs personnalités respectives.

Quant aux cadeaux offerts à l'occasion des anniversaires ou de Noël, il s'agissait le plus souvent d'un cadeau collectif, jeu de société par exemple, alors que les deux autres enfants de la famille recevaient des cadeaux individuels personnalisés.

Étant très différents l'un de l'autre, ils ont peu connu les subtiles comparaisons physiques portant sur des détails morphologiques si ce n'est le constat de leur très grande dissemblance qui ne pouvait que sauter aux yeux. En revanche, ils n'ont pas échappé aux remarques mettant en cause leurs capacités respectives.

Ainsi, l'une de leurs tantes, professeur de lettres classiques, a porté une appréciation déterminante pour leur entrée en classe de quatrième : l'un était suffisamment doué pour faire du grec, l'autre, mon mari, devait opter obligatoirement pour l'espagnol. Cet avis a été traduit par ce dernier de la façon suivante : « Ma famille pense que je suis moins intelligent que mon frère. » Par la suite, fort heureusement, il s'est fait remarquer par une tout aussi bonne réussite dans les études.

De la même manière, leur père, grand musicien et compositeur célèbre, avait évalué qu'un seul avait une bonne oreille musicale. L'autre, mon mari, était censé n'avoir aucune aptitude musicale. Il a dû malgré tout suivre pendant sept années des leçons de piano pour faire comme son frère jumeau. Et il a pris un malin plaisir à conforter le jugement de son père par un comportement indiscipliné et une absence totale de travail et d'investissement, jusqu'à ce que le professeur lui-même déclare qu'il valait mieux interrompre l'apprentissage du piano pour le « moins doué ».

Les deux anecdotes suivantes montrent combien les ressentis peuvent différer entre vrais et faux jumeaux dans des contextes similaires.

À l'âge de vingt ans, selon la tradition, nos parents respectifs ont tenu à nous offrir une chevalière portant nos initiales. Pour mon mari et son frère, leurs parents ont choisi pour chacun le modèle qu'ils désiraient, alors que ma sœur et moi avons dû accepter, sans discussion possible, celui proposé par nos parents, un modèle identique. Nos initiales gravées seules différaient, les styles de caractères étant bien entendu semblables. Alors que, ma sœur et moi « vraies jumelles », aurions souhaité nous orienter vers des choix différents, mon mari et son frère « faux jumeaux » ont choisi spontanément le même modèle de chevalière. Sans doute, les jumeaux dizygotes peuvent-ils se permettre plus facilement de faire les mêmes choix, prendre les mêmes orientations, sans risquer d'être pris au piège de la confusion et de la non-reconnaissance de leur identité ?

Autre anecdote, à rapprocher de notre passage de troisième en seconde. Le même dilemme s'est posé pour mon mari et son frère, ce dernier n'étant pas autorisé à passer en classe supérieure. L'intervention de leur père, convaincu que des jumeaux devaient être obligatoirement dans la même classe, n'a pas modifié la décision du conseil de classe. L'un est passé en seconde alors que l'autre a dû redoubler sa troisième. Mon mari n'a pas été contraint à redoubler sa classe comme ce fut le cas pour ma sœur.

Comble de l'ironie, son frère, qui était tenu à redoubler sa troisième a été reçu au BEPC, alors que mon mari a été recalé à cause d'un zéro à l'épreuve d'orthographe. C'est ainsi que le premier a reçu un vélo pour son succès au BEPC, alors que le second, pourtant admis en seconde, n'a rien eu ! Pour la première fois, une différence marquante était faite dans les cadeaux des jumeaux, mais sur un mode peu regardant sur les mérites de chacun. D'un commun accord, ils ont décidé que le vélo serait utilisé essentiellement et presque exclusivement par le non-propriétaire qui souhaitait pouvoir se déplacer pour faire de la peinture dans la campagne environnante. La complémentarité s'est manifestée ainsi entre eux, déjouant l'injustice dont l'un avait fait l'objet.

La séparation entraînée par la décision du conseil de classe a par ailleurs vivement contrarié les deux frères, habitués à tout mener de conserve. Fort heureusement, selon eux, ils se sont retrouvés l'année suivante au même niveau scolaire et, bien que dans des sections différentes, ensemble pour certains cours. Une stratégie de moindre assiduité au travail de celui qui avait devancé son frère avait été en fait savamment programmée en commun pour permettre un redoublement et faciliter ces retrouvailles.

Par la suite, leurs orientations respectives, carrière artistique pour l'un, scientifique pour l'autre, les ont amenés à vivre dans des lieux et sur des modes différents.

Ils ont su alors trouver un équilibre entre moments d'indépendance et moments à deux, pour ne garder que le meilleur de la gémellité.

J'ai souvent été surprise par certaines réflexions de mon mari qui déclare encore aujourd'hui (mais en est-il réellement convaincu ?) que la gémellité n'est pas un phénomène en soi, et que « c'est le fait de ne pas avoir de jumeau qui est anormal ». Il imagine ainsi un monde idéal où vivraient en majorité des jumeaux et où les singuliers feraient l'objet de tous les fantasmes. Ce n'est sans doute qu'une boutade, le rêve d'une situation inversée entre la norme représentée par ceux qui n'ont pas de frère ou de sœur né le même jour, et l'exception que constitue la gémellité sous le regard des autres.

Je me suis même demandé si son mariage avec la jumelle que je suis était tout à fait fortuit, s'il n'avait pas souhaité plus ou moins consciemment construire l'univers de ses rêves.

Enfants et adolescents, nous étions proches l'un de l'autre. J'ai été la première à acheter une de ses peintures, alors que j'étais encore au collège : il s'agissait d'une huile représentant les rives de la Charente, bordées de peupliers. Je l'ai acquise à un prix dérisoire en rapport avec mes faibles disponibilités financières. J'étais persuadée alors de son destin d'artiste, un destin que je percevais comme singulier et exceptionnel, différent de celui de son frère jumeau. Une alchimie particulière a-t-elle pu s'opérer entre nous qui nous aurait conduits ainsi jusqu'au mariage du fait de notre appartenance au monde des jumeaux ? À mon insu sûrement, à son insu peut-être…

Mais ce rêve d'un monde gémellaire, je ne peux le partager. Nous sommes complices mais « pas pareils ». Son rêve m'apparaît comme une résurgence, un reflet de la connivence extrême qu'il a connue avec son frère jumeau pendant son enfance et son adolescence et dont il garde encore, je pense, une certaine nostalgie.

« FAUX » MAIS VRAIMENT JUMEAUX

Jean-François, le mari de Jeannette, est ce que j'appelle un « faux » mais vraiment jumeau. Le rapprochement extrême avec son frère n'est pas dû à leur ressemblance physique (pas d'effet miroir), mais au fait qu'ils sont élevés ensemble, au même rythme, dans la même poussette, le même lit. Mis par les autres en situation de proximité, ils développent des comportements, attitudes ou mécanismes plus fréquents chez les jumeaux génétiquement identiques : par exemple, ils gardent longtemps un langage commun sans investir celui du monde extérieur à leur bulle. Comme quoi, la séparation « vrai »/« faux » et ce qu'elle est censée automatiquement entraîner reste toute relative ! Dans leurs relations et leur besoin de se retrouver « seuls », même en présence de leurs épouses, Jean-François et son frère me semblent presque plus jumeaux que Jeannette et sa sœur ! Comment s'étonner alors que Jeannette, dans ces moments où elle se sent à distance, oublie qu'elle est elle-même jumelle !

ANECDOTES DE SURFACE ET PROBLÈME DES PROFONDEURS

Très proches, mais différents physiquement, les deux garçons n'ont pas à conquérir leur autonomie, comme c'était le cas de Jeannette et sa sœur. En revanche, ils doivent sans cesse lutter pour exister sans qu'une hiérarchie soit installée entre eux.

Et l'on est frappé de voir combien leurs parents ne parviennent pas à faire autrement que de les comparer, alors qu'il semble que ce n'ait pas été le cas pour leurs autres enfants. Quelle fascination et quelle envie provoque donc la gémellité, « fausse » ou « vraie », pour empêcher parfois toute identification positive et faire perdre le bon sens le plus évident à des parents ? Le fait que les bébés arrivent en même temps, même s'ils sont ici bien différenciés, ne provoque-t-il pas plus de peur, d'épuisement, de doutes et peut-être d'ambivalence ? La volonté si classique de vouloir que leurs jumeaux se ressemblent parfaitement (les parents semblent ici avoir été « déçus » qu'ils ne soient pas en tout point semblables) me fait penser que peut-être cette confusion maîtrisée (achat de vêtements semblables, utilisation de « vous » et pas de deux « tu », cadeaux communs ou identiques, etc.) est le témoin du désir passé d'avoir un seul bébé et pas deux. En forçant le trait de la ressemblance, les parents ne cherchent-ils pas, maladroitement, à récupérer un seul enfant ?

Chapitre 10

De la condition gémellaire

La curiosité, la fascination, le trouble, la stupéfaction, voire le mal-être provoqués chez les autres par le phénomène de la ressemblance avec ma sœur jumelle, m'ont donné parfois l'impression de faire partie d'un peuple à part, une sorte d'internationale des jumeaux. Comme si le quiproquo gémellaire mettait en cause l'exigence d'identité de chacun et l'irréductibilité de la personne.

La mise en scène par les médias de certains stéréotypes les renforce alors qu'il faudrait les analyser, et je ne saurais dire à quel point je suis irritée et humiliée par certains reportages. Les choix opérés relèvent *a priori* du sensationnel. Les jumeaux présentés, habillés et coiffés de la même manière, exposent leurs similitudes physiques comme une curiosité revendiquée. Pour eux, la ressemblance absolue est devenue, semble-il, une véritable raison de vivre.

Quel impact peuvent avoir de telles mascarades sur la perception de la problématique de la gémellité par la société ? Comment, lorsqu'on est jumeau, se démarquer de ces représentations caricaturales ?

L'indifférenciation que j'ai vécue avec intensité pendant l'enfance se manifeste encore à l'âge adulte de manière parfois inattendue. Ainsi, lorsque je sollicite par écrit un extrait d'acte de naissance auprès de la mairie de mon lieu de naissance, c'est celui de ma sœur que je reçois souvent en retour. Il arrive même qu'après avoir écrit pour signaler l'erreur, je reçoive à nouveau le même extrait. Au téléphone, les explications données par l'officier de l'état civil sont généralement embrouillées. Il est question, pour justifier l'erreur, d'un changement de page entre les deux actes ou de la similitude de nos noms d'épouse. Il existe bien pourtant deux actes de naissance distincts portant les mentions de première et deuxième jumelle. Comment est-ce possible ?

Cette confusion des actes d'état civil des jumeaux est loin d'être exceptionnelle. Elle se traduit parfois par des mentions de mariage, de divorce ou de décès portées à tort sur l'un ou l'autre des actes. Ainsi en 2009, le médiateur de la République est intervenu pour permettre à une femme d'obtenir plus rapidement la rectification de son acte de naissance sur lequel avait été portée à tort la mention du mariage de sa sœur jumelle. Cette erreur faisait obstacle à la célébration de son propre mariage et un délai de plusieurs mois était demandé pour obtenir les modifications nécessaires. L'intervention du médiateur de la République a permis fort heureusement que la rectification de l'état civil intervienne rapidement, permettant à la jumelle concernée de se marier à la date prévue.

L'étrangeté des jumeaux monozygotes a de tout temps frappé l'imagination. De la mythologie à la littérature contemporaine, d'une culture à l'autre, les jumeaux ont été considérés au gré des imaginations comme maléfiques ou bienfaisants. L'histoire de l'humanité fourmille de contes et légendes dont les jumeaux sont les héros. Ces mythes et récits, dont j'ai pris connaissance progressivement au fil des années, m'ont mise le plus souvent mal à l'aise, pesant un peu plus à chaque découverte sur la représentation que j'avais de ma propre existence. L'extrême limite a été atteinte avec la lecture du livre de Michel Tournier, *Les Météores*, qui met en scène deux jumeaux, Jean et Paul, un couple excessif et si uni qu'on l'appelle Jean-Paul. Dans ce roman, les problèmes s'entrecroisent : la poursuite et la perte du frère jumeau, la recherche de l'autre et la quête de soi. Je m'étais identifiée, non sans trouble et culpabilité, au personnage de Jean qui part pour se « libérer » de son frère jumeau. Comment s'affranchir sans dommage de celui-ci – ou de sa sœur jumelle –, avec qui les rapports ont commencé *in utero*, précédant le premier souffle de vie ?

En anglais, le mot *twins*, jumeaux, vient d'un ancien vocable anglo-saxon qui désignait deux brins de laine aux fibres entrecroisées, impossibles à démêler. Cette image traduit assez bien, me semble-t-il, la nature permanente et indissoluble de la gémellité.

En tant que jumelle monozygote, j'ai la conviction que les jumeaux sont appelés à vivre un lien particulier qui va évoluer tout au long de leur vie dans une dimension unique, inconnue des singuliers. Les circonstances m'ont amenée à vérifier la permanence de ce lien et de son caractère exceptionnel.

Ainsi, j'ai eu l'occasion de demander à ma sœur si elle serait prête à me donner éventuellement un de ses organes. On venait, en effet, de me trouver une affection liée à une contamination par transfusion sanguine. La transplantation chez les vrais jumeaux du fait de la similarité des identités génétiques est en effet comparable à une autogreffe et comporte un moindre risque de rejet. Sa réponse a été immédiatement, sans même une seconde de réflexion : « Oui, bien sûr. » L'affection ayant évolué spontanément vers une stabilisation, il n'y a pas eu lieu d'envisager cette intervention. Mais sa réponse spontanée et sans réserve m'avait fait chaud au cœur et m'avait permis d'affronter plus facilement l'épreuve de la maladie. J'ai pris particulièrement conscience alors de la singularité de ma situation de jumelle monozygote.

Ce caractère singulier des jumeaux est mis en évidence à travers l'intérêt qu'on leur porte en tant que sujets de recherche. Les caractérisations des vrais et des faux jumeaux concernant leur identité génétique respective ont été largement mises à profit par la recherche médicale. L'analyse et la comparaison des concordances observées d'« échantillons » de paires de vrais et de faux jumeaux représentent des expérimentations habituelles pour étudier les rôles respectifs joués par l'inné et l'acquis dans le développement de la personnalité, pour montrer également les origines génétiques de différents désordres physiologiques et comportementaux. De longue date, les jumeaux représentent ainsi un « matériau humain » au service de la science au point de faire l'objet d'une véritable spécialité appelée « gémellologie ». Mais, sur le plan éthique, quelles sont les frontières de telles études réalisées sur des sujets humains ?

L'extrême limite a été franchie avec les « expériences » que le médecin nazi Josef Mengele mena pendant la Seconde Guerre mondiale au camp d'Auschwitz-Birkenau, où des milliers de jumeaux furent victimes d'atrocités et périrent sous couvert de recherches scientifiques sur la race et l'hérédité. Cet épisode terrible restera inscrit longtemps, espérons-le, dans toutes les mémoires.

Aujourd'hui, fort heureusement, le déterminisme du « tout génétique » a cédé la place à une autre approche qui s'efforce de comprendre comment l'environnement module l'expression des gènes par des modifications dites « épigénétiques ». Ce champ scientifique est en plein essor et les recherches en ce domaine promettent des perspectives thérapeutiques intéressantes. Les jumeaux qui servent de terrain de recherche en retirent pour une fois un certain bénéfice : celui d'être considérés comme des êtres différenciés.

D'autres domaines de recherche apportent des éclairages nouveaux. Les études effectuées depuis quelques décennies dans des champs aussi variés que la psychologie, la sociologie, l'anthropologie, permettent de mieux comprendre les ressorts profonds de la gémellité et d'appréhender différemment le monde des jumeaux.

À mon niveau, la condition gémellaire a représenté conjointement un vrai privilège et un lourd fardeau.

Enfant, je n'ai jamais connu la solitude et l'ennui. Dès ma venue au monde, j'ai eu à mes côtés une compagne idéale du même âge toujours présente. Je garde le souvenir merveilleux de nos activités en commun, des jeux qui nous étaient propres où l'imagination avait toute sa place, de nos fous rires fréquents qui étaient l'expression d'une compréhension mutuelle et d'une grande connivence. Seuls les jumeaux bénéficient de ce privilège exceptionnel d'avoir à leur côté un autre du même âge qui leur permet d'affronter la vie dans des conditions différentes. Pendant l'enfance, j'ai vécu la proximité et la solidarité avec ma sœur jumelle comme un bénéfice important.

Très vite toutefois, la gémellité m'est apparue aussi comme une charge, un facteur d'exclusion. Ma sœur et moi n'étions pas considérées comme les autres, et ceux-ci nous voyaient semblables sans nous reconnaître le privilège de la singularité.

Imposée à la naissance, la gémellité m'a obligée à une construction symbolique ardue de la différence d'individualité. J'aurais aimé avoir la même sœur avec quelques années de différence.

RISQUES ET BÉNÉFICES DE LA GÉMELLITÉ

Être jumelle homozygote comporte bien des difficultés pour construire son identité, nous l'avons vu, en particulier quand les parents accentuent les ressemblances et nient totalement les possibilités d'autonomisation, vivant ces dernières comme des attaques contre leur système défensif (réduire à une entité plus maîtrisable et pensable, deux être semblables mais non identiques). Constater que le garant de l'identité de chaque citoyen, c'est-à-dire l'état civil, est également amené à se perdre, et de façon non exceptionnelle, dans les méandres de la désindividualisation, paraît incroyable. À quelle autorité supérieure les jumeaux pourraient-ils s'en référer pour enfin se sentir eux-mêmes !

Les émissions télévisées montrant, tels des animaux de foire, des « paires parfaites » et « parfaitement heureuses d'être restées des paires », ne font qu'en rajouter : elles me semblent pleinement illustrer les résultats dramatiques sur un plan humain, même s'ils peuvent apparaître quelque peu spectaculaires, de fonctionnements parentaux, souvent bien inconscients, mais ô combien destructeurs.

Par ailleurs, cette situation de fraternité particulière a même comporté dans l'histoire des risques eux aussi très particuliers, comme le rappelle Jeannette, sous couvert d'explorations pseudo-scientifiques !

Pourtant, et c'est sans doute un des derniers messages de ce livre, elle nous montre aussi que la force du lien avec sa sœur jumelle lui a parfois permis de dépasser des étapes dures et cruciales de sa vie, notamment quand son corps était en danger : la possibilité de bénéficier de la greffe d'une partie d'organe d'un autre identique à soi sur un plan génétique, reste une chance dont peu d'êtres humains disposent.

Cependant, le prix à payer semble tout de même un peu lourd si les parents ne parviennent pas, finalement, à réellement investir et assumer la gémellité de leurs enfants : Jeannette conclut en écrivant qu'elle n'aurait pas voulu d'une autre sœur, mais qu'elle aurait préféré que celle-ci ne naisse pas en même temps qu'elle…

Chapitre 11

Et après...

Avec le temps, la gémellité est devenue moins prégnante pour ma sœur et moi. Si ce lien spécifique se manifeste encore à travers certains signes un peu encombrants, il n'empêche plus chacune de mener une vie singulière.

Nos choix professionnels, l'éloignement géographique, nos engagements idéologiques ont été des facteurs importants pour la conquête de notre autonomie. Quoi de plus différents par nature que les métiers d'assistante sociale et de professeur de mathématiques ? Peut-on mettre une distance plus importante que celle occasionnée par mon séjour en Polynésie avec ma famille pendant plusieurs années, alors que ma sœur avait choisi de vivre en métropole ?

Le principal handicap de la gémellité, tel que nous l'avons vécu ma sœur et moi, a été sans nul doute le jeu social autour de notre ressemblance avec toutes ses répercussions. Notre similarité physique s'est sensiblement estompée avec le temps et avec elle les manifestations de l'entourage.

L'apparence physique toutefois peut être perçue différemment en fonction des personnes. Il y a ceux qui disent : « Vous ne vous ressemblez pas », et ceux qui affirment : « Difficile de vous reconnaître. »

Récemment, une personne m'a abordée au cours d'une cérémonie à laquelle assistait également ma sœur en pensant s'adresser à celle-ci. Stupéfaction de l'intéressée de découvrir que ma sœur avait une jumelle. « Ce n'est pas possible, c'est effrayant ! », a-t-elle osé dire en nous découvrant ensemble. Cette parole m'a renvoyée brusquement à mon identité de double que j'avais reléguée au passé. Elle exprimait un sentiment de surprise face à l'étrangeté de la ressemblance, qui m'a mise profondément mal à l'aise. Les jumeaux monozygotes ne sont-ils pas définis comme issus d'un phénomène non expliqué, une bizarrerie de la nature ?

Il me vient à l'esprit parfois que ce phénomène de la scission de l'œuf à l'origine de mon existence peut aussi engendrer des frères ou sœurs siamois. Ces enfants qui sont dans la non-division de leurs corps sont souvent considérés de façon cruelle comme des êtres monstrueux. Pendant longtemps, ils n'ont pas eu d'autres ressources que de se produire dans les cirques et les fêtes foraines en réponse à la curiosité du public et à son goût pour l'insolite. Pas facile d'être soi-même renvoyée à l'anormalité par une simple réflexion : « C'est effrayant ! »

Au-delà de ces épisodes très exceptionnels de confusion de personnes, certaines traces demeurent, dont il est encore difficile de se débarrasser.

Ainsi, s'il m'arrive de laisser un message sur un répondeur téléphonique et d'écouter ensuite ce message, ce n'est pas ma voix que j'entends mais celle de ma sœur tant elles ont les mêmes intonations et sonorités. J'ai l'impression que ma voix ne m'appartient pas en propre et j'éprouve alors le sentiment peu agréable d'une brève dépossession de moi-même.

Même phénomène lorsqu'une glace à trois faces ou une vidéo me renvoie ma propre image sous des angles inhabituels. Notre aspect physique est pourtant différent aujourd'hui tant au niveau de la silhouette, des traits du visage, de la manière de se coiffer ou de s'habiller. Cependant, à certains moments, c'est le reflet de mon propre regard ou d'une de mes attitudes qui me renvoie automatiquement au physique de ma sœur, faisant surgir une image de moi ambivalente, étrange, au point de me mettre profondément mal à l'aise.

TROIS OU DEUX... EN TOUT CAS PAS UN !

Les traces de fusion, comme des cicatrices jamais totalement fermées, sont bien tenaces et réapparaissent dans l'histoire de Jeannette à beaucoup de coins de rue... ou de miroir.

En fait, dès que les conditions d'une non-différenciation sensorielle resurgissent, le vécu fusionnel guette les jumeaux qui n'ont pas eu la chance, dès leur petite enfance, de pouvoir être considérés par leurs parents, chacun comme un être humain à part entière.

La dépersonnalisation vécue par Jeannette dans ces moments est bien clairement exprimée par elle : perte de repère, moment de « décollage » de la réalité, inquiétante étrangeté, sensations corporelles bizarres... autant de signes de souffrance psychique, de déséquilibre dans le fonctionnement habituel de la personne qui se dépersonnifie véritablement pour retrouver une sorte d'existence « bullaire », sphérique, en tout cas sans angle percevable, sans rupture de limite, comme une spirale qui aspire, risquant de faire sombrer dans le spéculaire déshumanisant au lieu de faire exister sereinement dans les trois dimensions d'un espace structuré où le corps de chacun prendrait sa juste place.

Coda en duo

À l'issue de ce témoignage d'un parcours chaotique de gémellité, ma pensée se porte spontanément sur ces enfants nés le même jour, à qui il est donné de vivre et de se construire à côté d'un autre physiquement semblable, ces enfants à qui il est demandé de franchir des étapes particulièrement complexes pour pouvoir accéder à leur autonomie.

Tout au long de sa carrière de psychologue, René Zazzo n'a pas cessé d'encourager les parents de vrais jumeaux à individualiser leurs enfants. Il leur conseillait d'éviter de les traiter de la même manière afin de leur permettre de grandir, de ne pas les habiller de la même façon, de ne jamais dire « les jumeaux » pour parler d'eux, de leur donner des prénoms très différents, bref de lutter contre la facilité, mais aussi contre leur propre fascination, de valoriser les différences, de banaliser leurs similitudes, qui ne sont de fait que les effets d'un processus génétique auquel on devrait choisir de n'accorder aucun poids symbolique. Il répétait également sans cesse : « Dégémellisez ! »

Si les recommandations de René Zazzo pour permettre aux enfants de sortir de l'interdépendance et de conquérir leur autonomie ne peuvent avoir qu'un écho favorable en moi, je ressens toutefois ce dernier conseil comme inapproprié. Le sens littéraire de « dégémelliser » n'est-il pas d'« annuler la relation gémellaire » ?

Le psychologue Fabrice Bak préfère évoquer « l'accompagnement du développement de la personnalité » et préconise d'utiliser le lien gémellaire comme une autoémulation. Les jumeaux possèdent un vécu et une histoire qui constituent un lien fraternel particulier et qui ne saurait être radicalement gommé sans risque !

Si les écrits de Zazzo ont été, en leur temps, révolutionnaires, il est vrai qu'ils sont sans doute trop radicaux. La position de Fabrice Bak me paraît, en revanche, tout à fait intéressante car mesurée et engageant une dynamique d'accompagnement réellement processuelle. En effet, il me paraît essentiel de permettre aux bébés jumeaux d'évoluer à leur rythme pour s'individuer pleinement dans une relation confortable et sereine à leur frère/sœur. Pour cela, il est fondamental que les parents soient avant tout soutenus pour qu'ils puissent investir tranquillement, sans trop d'angoisse ou de doutes, leurs deux bébés à la fois.

L'échographie permet un travail psychique en amont de l'accouchement, mais celui-ci doit être parfois initié, et de toute façon accompagné pour aider les couples en difficulté à différentes périodes de la grossesse. Après l'accouchement, il faut veiller à mieux repérer les risques de dépression maternelle, souvent accentués par la fatigue qui reste un des éléments centraux de la vie avec des bébés jumeaux. Proposer des aides matérielles, un soutien logistique, un accompagnement régulier à domicile par une puéricultrice, un véritable soutien psychologique : bien des pistes sont à creuser !

Prévenir vaut toujours mieux que guérir : l'histoire de Jeannette et de sa sœur illustre de façon évidente ce vieil adage plein de bon sens ! Si les parents de Jeannette avaient été étayés de façon adaptée à leur situation et à leur histoire, peut-être la lutte pour exister de ces deux jumelles n'aurait pas été si longue et difficile !

Il me semble que l'important est de mesurer, à chaque étape de développement de ces bébés, l'intensité de leur besoin de proximité, en respectant leur rythme pour faire naître chez eux le désir de s'individualiser, les amener progressivement à s'ouvrir sur le monde extérieur et à conquérir leur autonomie. Point de recette ni de mode d'emploi « clé en main » pour cela : plutôt que la manière d'un peintre figuratif, c'est celle d'un impressionniste pointilliste qu'il faut utiliser, en variant les distances, les points de vue, les éclairages, les couleurs. Pour devenir eux-mêmes, les jumeaux ont besoin de parents prêts à les accueillir et à les découvrir comme de bonnes surprises de la vie.

À mon niveau, pour avoir vécu et subi les conséquences du regard et du comportement de l'entourage pendant mon enfance et mon adolescence, je souhaite attirer l'attention sur le rôle primordial de l'environnement social des jumeaux dans le processus de leur différenciation.

L'éloignement, la séparation ont été pour moi les seuls moyens possibles pour sortir du cercle dans lequel j'étais enfermée par la gémellité. D'autres voies existent certainement, moins lourdes, moins traumatisantes.

L'entourage a un rôle déterminant. Le regard des autres est essentiel dans la construction de l'identité des jumeaux monozygotes, non pas un regard curieux, indiscret, globalisant, mais un regard respectueux qui reconnaît l'individualité de chacun.

C'est vers autrui que se dirigent les jumeaux pour sortir de leur condition de « double ressemblant », se faire reconnaître, s'assurer de leur existence propre. Les tiers sont pris à témoin et c'est à eux qu'il appartient de servir de garants de l'identité de ces enfants « nés pareils ».

Parole de jumelle !

Table

CET OUVRAGE A ÉTÉ COMPOSÉ
ET MIS EN PAGES PAR FACOMPO, LISIEUX,
ET ACHEVÉ D'IMPRIMER PAR CPI FIRMIN DIDOT
MESNIL SUR L'ESTRÉ (EURE)
EN JANVIER 2012

N° d'édition : 7381-2741-X – N° d'impression : 109191
Dépôt légal : janvier 2012

Imprimé en France